BOSQUEJOS PARA PREDICADORES
(Volumen III)

DEDICO

Este libro como homenaje post-morten al Reverendo Rafael Torres Rivera (1920 – 1986). Por espacio de tres décadas el hermano «Rafa» fue dirigente del concilio Iglesia Pentecostal de Jesucristo Inc. en Puerto Rico. Este siervo del Señor fue un «príncipe del púlpito» puertorriqueño. Su ministerio se extendió hasta la ciudad de Nueva York y la República Dominicana. Un predicador dijo en su funeral: «Se nos rompió un carro, pero no hemos perdido la batalla».

REV. KITTIM SILVA, B.A., M.P.S.

BOSQUEJOS PARA PREDICADORES
(Volumen III)

editorial clie

EDITORIAL CLIE
Ferrocarril, 8
08232 VILADECAVALLS (Barcelona) ESPAÑA
E-mail: libros@clie.es
Internet: http:// www.clie.es

BOSQUEJOS PARA PREDICADORES, Vol. 3

© 1988 por el autor Kittim Silva

ISBN-10: 84-7645-290-X
ISBN-13: 978-84-7645-290-5

Printed in USA

Clasifíquese:
357 HOMILÉTICA: Bosquejos-Colecciones
CTC: 01-04-0357-03
Referencia: 223278

CONTENIDO

Prólogo   11

PRIMERA PARTE
BOSQUEJOS EN SERIE

1

EL MINISTERIO DE ELÍAS

El general Naamán...   17
La esclava de la Sra. Naamán...   21
El siervo que quiso pasarse de listo   23

2

EL REY DAVID

El otro gigante de David   27
El pecado de David...   32
Un juez convertido en un acusado...   36

3

EL VERDADERO SIGNIFICADO DE...

El verdadero significado de
Acción de Gracias   43
El verdadero significado del Año Nuevo   47

5

El verdadero significado del
Día de las Madres   47
El verdadero significado de la
Entrada triunfal...   55
El verdadero significado de la Navidad   58
El verdadero significado de
la Resurrección de Jesús   64
El verdadero significado de
las Siete Palabras   67

4

LA MUERTE

El día de la muerte...   77
«Sorbida es la muerte en victoria»   81

5

LAS BIENAVENTURANZAS

La pobreza espiritual   87
El lloro que recibe consolación   91
La dicha de ser mansos   94
La justicia que es saciada   97
La dicha de ser misericordiosos.   100
El requisito para ver a Dios.   103
Un ministerio de pacificación   105
La recompensa de ser perseguidos   109
La bienaventuranza del vituperio   112

6

LAS EXPERIENCIAS EN LA VIDA DE SANSÓN

La quijada de asno...   117
Las puertas de Gaza   121
Puestos bajo anestesia...   123

Atados a un molino... 126
El pelo le crecía 130

7

LAS ZORRAS PEQUEÑAS

Las zorras pequeñas en el matrimonio... 135
Las zorras pequeñas en la vida cristiana 139
Las zorras pequeñas en el ministerio 144

8

LOS DIEZ MANDAMIENTOS
Y EL NUEVO MANDAMIENTO

No tendrás dioses ajenos 151
No te harás imagen 155
No tomarás el nombre de Dios en vano 158
Acuédate del día de reposo... 161
Honra a tu padre y a tu madre 164
No matarás... 167
No cometerás adulterio... 170
No hurtarás... 172
No hablarás falso testimonio 174
No codiciarás 177
Un nuevo mandamiento 179

9

MILAGROS DE SANIDAD

El milagro de Listra 183
La depresión de Elías 187
La oración de Ezequías 191
La sanidad del leproso... 196

«Tenía espíritu de enfermedad» 202

10

TRES VIEJOS DEL ANTIGUO TESTAMENTO

Elí sentado en la silla 209
El viejo Taré 213
«Un viejo profeta» 216

SEGUNDA PARTE
BOSQUEJOS GENERALES

11

BOSQUEJOS GENERALES

Acción de Gracias 223
Acuérdate de tu Creador. 226
Bernabé el obrero. 229
Decididos.. 236
Deleitándonos en el Nuevo Año. 239
Desvistiéndonos y vistiéndonos... 244
Edificando en medio de la oposición 248
El creyente calentándose con los pecadores. ... 251
El gozo cristiano. 253
El pecado de la presunción... 256
El peligro de acercarnos al mundo... 261
El quién y el qué del evangelio... 264
Enseñanzas relacionadas con el rapto 270
Hay decisiones que tomar 279
¡Hay que dar la buena noticia!... 281
Jesús llora por la ciudad. 283
La autoridad de atar y desatar... 286
La experiencia en Bet-el. 290
La familia. 293

La iglesia será trasladada 296
La liturgia pentecostal 299
La mejor recomendación. 302
La mujer y madre ejemplar 305
La obra del Espíritu Santo... 308
La oración de Acción de Gracias 312
La piedra que habla... 315
La tarea del verdadero siervo 319
Lo que confesamos... 323
Los cuatro leprosos... 326
Los hombres y las mujeres
de Dios son altos. 330
Los tres errores de Saúl 333
«Mas no sabía que era Jesús»... 336
Ministrando con el silencio... 340
Nadie abandone el barco. 345
«¿Qué a ti? Sígueme tú». 348
¿Qué es la escuela dominical?... 350
Remando en contra de la corriente... 352
Resoluciones para el Año Nuevo 356
«Y Pedro le seguía de lejos». 359

PRÓLOGO

Me es de gran regocijo el poder poner un nuevo libro de «Bosquejos Para Predicadores, Volumen III», en manos del lector. Mis dos libros anteriores han tenido una amplia acogida en toda Latinoamérica. Por lo cual doy toda la gloria al Señor Jesucristo.

Ya algunos lectores conocidos míos me preguntaban: «¿Cuándo publicará el próximo libro de bosquejos?» Este volumen es la respuesta. Cada uno de estos bosquejos fueron predicados y usados como notas a conferencias que dicté en diferentes lugares, incluyendo la Iglesia Pentecostal de Jesucristo de Queens, la cual pastoreo por gracia del Señor.

Es mi ferviente ruego al Señor de que estos bosquejos sean de bendición en manos de quienes los han de emplear en sus ponencias homiléticas. Deseo hacer varias recomendaciones a mis hermanos predicadores.

Primero, no dependa del estudio superficial del bosquejo. El bosquejo es un esqueleto, un esquema y notas que necesitan de un vestido con la imaginación, preparación y reflexión del homileta. Busque otras fuentes que puedan arrojar luz sobre el pasaje bíblico. Si es un pasaje del Nuevo Testamento consulte el Interlinear Griego-Español y la Concordancia Greco-Española. Lea el pasaje bíblico en varias versiones bíblicas tanto evangélicas como católicas.

Segundo, no se limite a lo que el bosquejo exponga. Un buen homileta adapta el bosquejo a su estilo, percepción y exposición. No se sienta cohibido a añadirle, recortarle o editarle conforme a su gusto o a la necesidad. Si no le gusta el título cámbielo por el que crea mejor. Si le encuentra muchas divisiones, limite las mismas. Aún más, usted puede darle un enfoque completamente diferente al que tiene el bosquejo.

Tercero, escriba su propio bosquejo del bosquejo publicado. Esto le dará más confianza y le librará del temor a usar un bosquejo ajeno. También le ayudará a darle un toque personal al bosquejo. Usted se sentirá como participante en la elaboración del bosquejo del autor.

Cuarto, no permita que el bosquejo ponga límites a lo que Dios quiere hacer. El bosquejo es un vehículo pero no un fin; es decir, su propósito es ayudar al predicador en la tarea de la predicación y no que la predicación ayude al bosquejo. Muchos predicadores han perdido la unción por responder a las demandas del bosquejo a expensas de las demandas del pueblo.

Bueno, amado lector, espero que el presente libro le sea de ayuda en su ministerio. La demanda por predicadores es cada día mayor. Predicadores hay muchos pero buenos predicadores hay pocos.

EL AUTOR

1 DE OCTUBRE DE 1986
QUEENS, NEW YORK

PRIMERA PARTE

BOSQUEJOS EN SERIE

1

El ministerio de Elías

EL GENERAL NAAMÁN

«Naamán, general del ejército del rey de Siria, era varón grande delante de su señor, y lo tenía en alta estima, porque por medio de él había dado Jehová salvación a Siria. Era este hombre valeroso en extremo, pero leproso» (2 Reyes 5:1).

INTRODUCCIÓN: Esta historia biográfica del general Naamán, nos enseña que Dios no hace acepción de personas; que su siervo no tuvo favoritismo, y que Dios trabaja dentro de su programa y no en el que el hombre le ponga.

I. Su descripción (2 Reyes 5:1).

1. Tenía rango, «general del ejército del rey de Siria».

   A. Persona de autoridad.
   B. Persona de disciplina.
   C. Persona de esfuerzo.

2. Tenía prestigio, «era varón grande delante de su señor».

   A. Grande en personalidad.
   B. Grande en palabras.
   C. Grande en relaciones.

3. Tenía, «y lo tenía en alta estima».

A. El rey lo apreciaba.
B. El rey hacía cualquier cosa por él.

4. Tenía historia, «porque por medio de él había dado Jehová salvación a Siria».

   A. Un héroe de su patria.
   B. Un instrumento de Dios.

5. Tenía valor, «Era este hombre valeroso en extremo».

   A. Su valor era innato.
   B. Su valor era expresado.
   C. Su valor era evidenciado.

6. Tenía un defecto, «pero leproso».

   A. Una enfermedad humillante.
   B. Una enfermedad que daba lástima.
   C. Una enfermedad que empeoraba.

II. Su disgusto (2 Reyes 5:9-13).

1. El profeta no lo invitó a entrar a su casa – «Entonces Eliseo le envió un mensajero...»

   A. No le dio recibimiento especial.
   B. No le extendió una invitación para que entrara.
   C. No le envió ningún saludo.

2. El profeta no salió para orar por él -«... He aquí yo decía para mí: Saldrá él luego, y estando en pie invocará el nombre de Jehová, su Dios, y alzará su mano y tocará el lugar, y sanará la lepra.»

   A. Nótense las expresiones: (1) «Saldrá él luego», (2) «y estando en pie», (3) «invocará el nombre de Jehová, su Dios», (4) «y alzará su mano», (5) «y tocará el lugar», (6) «y sanará la lepra».

B. Naamán quiso ponerle un programa a Dios.

3. El profeta le dio órdenes -«Ve y lávate siete veces en el Jordán, y tu carne se te restaurará, y serás limpio.»

   A. Esto revelaría obediencia.
   B. Esto demostraría paciencia.
   C. Esto expresaría fe.

4. Este trato del profeta no le gustó al general de Siria.

   A. Lo desanimó, «y se volvió...»
   B. Lo molestó, «y se fue enojado».
   C. Lo afligió, «Mas sus criados se le acercaron y le hablaron diciendo: Padre mío, si el profeta te mandara alguna gran cosa, ¿no la harías? Cuanto más diciéndote: Lávate y serás limpio.»

III. Su sanidad (2 Reyes 5:15-19).

1. Obediencia, «Él entonces descendió...»
2. Humillación, «y se zambulló siete veces en el Jordán...»
3. Confianza, «conforme a la palabra del varón de Dios...»
4. Resultado, «y su carne se volvió como la carne de un niño, y quedó limpio».

IV. Su transformación (2 Reyes 5:15-19).

1. Conoce a Dios, «... He aquí ahora conozco que no hay Dios en toda la tierra, sino en Israel...»

2. Sacrificará a Dios, «Entonces Naamán dijo: Te ruego, pues, de esta tierra no se dará a tu siervo la carga de un par de mulas, porque de aquí en adelante tu siervo no sacrificará holocausto ni ofrecerá sacrificio a otros dioses, sino a Jehová.»
3. Confesará a Dios, «En esto perdone Jehová a tu siervo: Que cuando mi Señor, el rey, entrare en el templo de Rimón para adorar en él, y se apoyare sobre mi brazo, si yo también me inclinare en el templo de Rimón; cuando haga tal, Jehová perdone esto a tu siervo.»

   A. Rimón era otro de los nombres que se le daba a Hadad. Este dios tenía que ver con la tempestad. En el politeísmo de Damasco era principal.
   B. Naamán, aunque no lo adoraría, tendría que acompañar al rey de Siria cuando éste fuera a adorar.
   C. El milagro en su vida le reveló que la idolatría es pecado.

CONCLUSIÓN: Se siente usted feliz, ¿pero...? Tiene todo lo que desearía algún ser humano, ¿pero...? Dios desea bendecir su vida, pero usted necesita humillarse delante de su presencia, obedecer su palabra y creer en sus promesas. Amén.

LA ESCLAVA DE LA SRA. NAAMÁN

«Y de Siria habían salido bandas armadas, y habían llevado cautiva de la tierra de Israel a una muchacha, la cual servía a la mujer de Naamán. Ésta dijo a su señora: Si rogase mi señor al profeta que está en Samaria, él lo sanaría de su lepra» (2 Reyes 5:2-3).

INTRODUCCIÓN: Un corto testimonio preparó el terreno para un milagro.

I. Era israelita -«Y de Siria habían salido bandas armadas, y habían llevado cautiva de la tierra de Israel a una muchacha...»

   1. La tomaron de su patria.
   2. La separaron de sus padres y familia contra su voluntad.
   3. La alejaron del templo y de la comunión del pueblo de Dios.
   4. La privaron de su libertad y derechos.

II. Era esclava -«la cual servía a la mujer de Naamán».

   1. Era un privilegio el recibido.
   2. Era una responsabilidad.
   3. Era una tarea importante.

      A. El trabajo no la hacía sentirse inferior.

B. No dejó que su trabajo la deprimiera.
C. En su trabajo aprendió a glorificar al Dios de Israel...

III. Era testigo -«Ésta dijo a su señora: Si rogase mi señor al profeta que está en Samaria, él lo sanaría de su lepra.»

1. La Nueva Biblia Española rinde: «Ojalá mi señor fuera a ver al profeta de Samaria, él lo libraría de su enfermedad.»
2. Se enunció como creyente.
3. Se identificó con el sufrimiento del matrimonio Naamán.
4. Se acordó del profeta de Dios.
5. Se expresó con fe.

CONCLUSIÓN: ¿Has testificado a tus superiores de tu fe como creyente? ¿Es tu religión algo privado o es algo que compartes con otros? ¿Tienes amor por los Naamanes que Dios ha puesto en tu camino?

EL SIERVO
QUE QUISO PASARSE DE LISTO

«Entonces Giezi, criado de Eliseo, el varón de Dios, dijo entre sí: He aquí mi señor estorbó a este sirio Naamán, no tomando de su mano las cosas que había traído. Vive Jehová, que correré yo tras él y tomaré de él alguna cosa» (2 Reyes 5:20).

INTRODUCCIÓN: Naamán después de su milagrosa cura regresó donde Eliseo y le dijo: «Te ruego que recibas algún presente de tu siervo» (verso 15). El profeta de Dios le contestó: «Vive Jehová, en cuya presencia estoy, que no lo aceptaré» (verso 16). Aunque Naamán le insistió dice la Biblia, «pero él no quiso». No obstante, Giezi, el siervo de Eliseo, vio las cosas desde otro punto de vista.

I.   El deseo -«... correré yo tras él y tomaré de él alguna cosa» (verso 20).

   1.   La Nueva Biblia Española traduce esta expresión: «... Voy a correr detrás para que me dé algo».
   2.   La vista lo llenó de codicia.
   3.   Tomó una decisión sin consultar a Dios. Aunque puso a Dios como excusa: «Vive Jehová.»
   4.   Sin darse cuenta le abría la puerta al peligro.

II. La mentira -«Mi señor me envía a decirte: He aquí vinieron a mí en esta hora del monte de Efraín dos jóvenes de los hijos de los profetas; te ruego que les des un talento de plata, y dos vestidos nuevos» (verso 22).

1. Dijo que Eliseo lo envió cuando éste no lo envió.
2. Dijo lo que Eliseo nunca le dijo que dijera.
3. Dijo algo que contradecía la palabra del profeta de Dios.

III. La revelación -«Él entonces le dijo: ¿No estaba también allí mi corazón, cuando el hombre volvió de su carro a recibirte? ¿Es tiempo de tomar plata, y de tomar vestidos, olivares, viñas, ovejas, bueyes, siervos y siervas?»

1. Dios ve y oye todo.
2. Dios saca a la luz el pecado oculto.
3. Dios les revela a sus siervos lo que se hace a espaldas de éstos.

   A. Dios le había dicho a Ahías, el cual casi no podía ver por su vejez, que la mujer de Jeroboam vendría disfrazada de él. Dice la Biblia: «Cuando Ahías oyó el sonido de sus pies, al entrar ella por la puerta, dijo: Entra, mujer de Jeroboam. ¿Por qué te finges otra? He aquí yo soy enviado a ti con revelación dura» (1 Reyes 14:6).
   B. Pedro le dijo a Ananías: «... ¿por qué llenó Satanás tu corazón para que mintieses al Espíritu Santo, y sustrajeses del precio de la heredad?» (Hechos 5:3). A Safira le dijo: «... Dime, ¿vendisteis en tanto la heredad?» Y ella dijo: «Sí, en tanto.» (Hechos 5:8).

IV. El castigo -«Por tanto, la lepra de Naamán se te pegará

a ti y a tu descendencia para siempre. Y salió de delante del leproso, blanco como la nieve» (verso 27).

1. Dios castigó su codicia y la falsa representación que hizo con el profeta con lepra.
2. La lepra de Giezi fue literal, la de su descendencia sería el nombre manchado.
3. La lepra es símbolo de:

    A. Pecado.
    B. Excomunión.
    C. Ruina.

CONCLUSIÓN: Por más secreto que se practique el pecado, algún día las consecuencias serán visibles. Amén.

2

El rey David

EL OTRO GIGANTE DE DAVID

«Volvieron los filisteos a hacer la guerra a Israel, y descendió David y sus siervos con él, y pelearon con los filisteos; y David se cansó. E Isbi-benob, uno de los descendientes de los gigantes, cuya lanza pesaba trescientos siclos de bronce, y quien estaba ceñido con una espada nueva, trató de matar a David; mas Abisai, hijo de Sarvia, llegó en su ayuda, e hirió al filisteo y lo mató...» (2 Samuel 21:15-17).

INTRODUCCIÓN: En la vida de David encontramos dos gigantes. A Goliat de Gat, aquel lo venció, pero Isbi-benob venció a David. Es como si dijéramos que David venció al mundo, pero la carne venció a David. Hay cosas que el creyente vence, otras cosas vencen al creyente.

I.   David no tenía fuerzas para pelear contra Isbi-benob, «... y pelearon con los filisteos; y David se cansó» (verso 15).

1.   David no reconoce su cansancio.
2.   Isbi-benob se da cuenta de lo débil que está David.
3.   David quiere hacer lo que él sabe que no puede.
4.   La lucha que libró contra los filisteos lo dejó sin fuerzas.

REFLEXIÓN: El creyente no debe permitir que cosas sin importancia o enemigos mediocres le quiten la fuerza que necesita para poder vencer al otro gigante que confronte.

II. David no podía vencer a Isbi-benob -«... trató de matar a David» (verso 16).

1. La experiencia que David tuvo contra Goliat la olvidó.
2. En vez de confiar en el poder de Dios (1 Samuel 17:45-46), confió en sí mismo.
3. La Biblia nos sugiere que Goliat era más fuerte y quizá más grande que Isbi-benob.

   A. De la lanza de Goliat leemos: «y tenía el hierro de su lanza seiscientos siclos de hierro» (1 Samuel 17:7).
   B. De la lanza de Isbi-benob se nos dice: «cuya lanza pesaba trescientos siclos de bronce» (2 Samuel 21:16).

REFLEXIÓN: El creyente que se olvida de su experiencia pasada con Cristo, y que deja de confiar en el poder del Espíritu Santo, tarde o temprano será víctima de Isbi-benob.

III. David necesitó a un Abisai -«Mas Abisai, hijo de Sarvia, llegó en su ayuda, e hirió al filisteo y lo mató» (verso 17).

1. Abisai era sobrino de David, ya que Sarvia era hermana de este último (1 Crónicas 2:15-16).
2. Para Isbi-benob Dios le tenía un Abisai.
3. La victoria no sería de David, sino de Abisai.
4. Para cada gigante, Dios le tiene un contrincante (2 Samuel 21:18-22).

   A. A Goliat de Gat le tuvo a David.
   B. A Isbi-benob le tuvo a Abisai.
   C. A Saf le tuvo a Sibecai husatita.
   D. A Goliat geteo le tuvo a Elhanan.

E. Al gigante de veinticuatro dedos le tuvo a Jonatan, el hermano de David.

F. Léase también 1 Crónicas 20:4-8 donde al gigante de Saf le llama Sipai y a Goliat geteo se le llama Lahmi. Es muy posible que Lahmi haya sido el hermano del gigante Goliat derrotado por David.

5. Es interesante que David, cuando se enfrentó a Goliat, tomó «cinco piedras lisas del arroyo» (1 Samuel 17:40). Y que se nos diga que los cinco gigantes eran de Gat (2 Samuel 21:22). ¿Serían hermanos? ¿Familia?

REFLEXIÓN: Dios siempre tiene a un Abisai para ayudarnos cuando más lo necesitamos. Pero depende de nosotros si dejamos que Abisai nos ayude.

CONCLUSIÓN: ¿Cuál es ese otro gigante en tu vida? ¿Por qué no lo puedes vencer? ¿Has reconocido que necesitas ayuda?

EL PECADO DE DAVID

«Y sucedió un día, al caer la tarde, que se levantó David de su lecho y se paseaba sobre el terrado de la casa real; y vio desde el terrado a una mujer que se estaba bañando, la cual era muy hermosa... Y envió David mensajeros, y la tomó; y vino a él, y él durmió con ella. Luego ella se purificó de su inmundicia, y se volvió a su casa. Y concibió la mujer, y envió a hacerlo saber a David, diciendo: Estoy encinta» (2 Samuel 11:2, 4, 5).

INTRODUCCIÓN: La derrota que David no experimentó en el campo de batalla frente a un gigante de tres metros de estatura, cuya coraza de bronce pesaba cincuenta y cinco kilos, y la punta de su lanza más de seis kilos, la tuvo frente a una mujer casada. «Hasta este momento todo había ido bien con David», dice la escritora Netta de Money, «y si hubiera terminado su vida en este punto, habría pasado a la historia como un modelo de corrección y caballerosidad». La tentación de David, se transformó en codicia y la codicia se cambió en adulterio. La cicatriz de este acto vergonzoso nunca se le borró de la conciencia del dulce cantor de Israel (Salmo 51).

I. Se entretuvo cuando tenía que estar ocupado -«Aconteció al año siguiente, en el tiempo que salen los reyes a la guerra... David se quedó en Jerusalén...» (verso 1).

    1. David olvidó su deber y se entregó a la comodidad.

2. La ociosidad espiritual abre las puertas para pecar.
3. El creyente que se deja dominar por la inactividad pierde el poder de Dios en su vida.
4. El cristiano tiene una guerra espiritual contra los «principados y potestades» y no puede darse el lujo de descansar mientras otros combaten.

II. Se dejó dominar por lo que vio -«... y vio desde el terrado a una mujer que se estaba bañando, la cual era muy hermosa» (verso 2).

1. La vista ha sido uno de los puntos débiles que el diablo ha usado para hacer caer a muchos. Eva es un ejemplo (Génesis 3:6).
2. Hay terrados por los cuales el creyente no debe pasearse.
3. El diablo sabe cuándo, cómo y dónde presentarnos las tentaciones. A David lo sorprendió desarmado. La Biblia nos exhorta: «Sed sobrios, y velad; porque vuestro adversario el diablo, como león rugiente, anda alrededor buscando a quién devorar; al cual resistid firmes en la fe...» (1 Pedro 5:8-9).
4. Betsabé fue tan pecadora como lo fue David, «y vino a él».

   A. No tuvo respeto por su pudor personal.
   B. No tuvo en estima la ausencia de su marido, ni el nombre de su padre «Eliam» (verso 3).
   C. No tuvo objeción en acostarse con el rey.

5. David quebrantó la ley judía al allegarse a una mujer que estaba purificándose de su menstruación (verso 4).

   A. Reina-Valera dice al particular: «Luego ella se purificó de su inmundicia.»

B. La versión Dios Habla Hoy rinde de manera más clara: «Esta mujer estaba apenas purificándose de su período de menstruación.»
C. Sobre esta ley judía leemos en Levítico 15:19: «Cuando la mujer tuviere flujo de sangre, y su flujo fuere en su cuerpo, siete días estará apartada; y cualquiera que la tocare, será inmundo hasta la noche.»

III. Trató de encubrir su pecado -«Y concebió la mujer, y envió a hacerlo saber a David, diciendo: «Estoy encinta» (verso 5).

1. La primera artimaña de David fue enviar por Urías heteo y después de preguntarle por la situación en el campo de batalla le dio licencia para visitar a su mujer. Urías la rechazó (verso 8).
2. La segunda artimaña fue emborracharlo para ver si así Urías pasaba la noche con su mujer, pero no lo hizo (verso 13). De Urías haberse allegado a su mujer, el embarazo de la misma se le acreditaba.
3. La tercera artimaña fue darle una carta con su sentencia escrita (versos 14 al 17). Urías murió en el campo de batalla así como lo pidió David. Pero el pecado todavía no estaba tapado.
4. La cuarta artimaña del rey fue casarse rápidamente con Betsabé, después que ésta terminó los siete días de luto por su esposo y así cubriría su adulterio cuando ella alumbrara (versos 26 y 27).
5. En todas estas artimañas, David trató de ocultar, justificar, exonerar y disimular su pecado. Ante los ojos humanos parecía que lo había logrado... pero...

IV. En todo este drama pecaminoso Dios espiaba a David -«Mas esto que David había hecho, fue desagradable ante los ojos de Jehová» (verso 27).

1. La Nueva Biblia Española rinde: «Pero el Señor reprobó lo que había hecho David.»
2. Por más que el hombre trate de camuflar su pecado, Dios lo ve.

    A. Adán y Eva comieron del fruto prohibido y se escondieron, pero Dios le dijo a Adán: «¿Dónde estás tú?» (Génesis 3:8).

    B. Caín mató a Abel, pero Dios le preguntó: «¿Dónde está Abel, tu hermano? ¿Qué has hecho?» (Génesis 4:9-10).

    C. Acán escondió un manto babilónico, doscientas monedas de plata y una barra de oro que pesaba más de medio kilo, todo era anatema. Nadie lo vio, pero el ojo de Dios lo observó cuando lo escondió en su tienda (Josué 7).

CONCLUSIÓN: Jehová le dijo a Caín: «Si hicieres lo bueno, podrías levantar la cara; pero como no lo haces, el pecado está operando el momento de dominarte. Sin embargo, tú puedes dominarlo a él» (Génesis 4:7, Dios Habla Hoy.)

UN JUEZ
CONVERTIDO EN UN ACUSADO

«Entonces dijo Natán a David: Tú eres aquel hombre...»
(2 Samuel 12:7).

INTRODUCCIÓN: Desde que David había cometido su nefando pecado hasta el momento que Natán, el profeta le hace una visita de Dios, habían transcurrido más de nueve meses, quién sabe si un año o más. Ya David se había olvidado de lo que había hecho. Quizá se decía: «Si Dios en un año no me ha reprendido, ya no me castigará.» ¡Qué equivocado estaba David! Ahora era el tiempo cuando Dios le llamaría a cuentas. Nosotros nos olvidaremos de nuestros pecados, pero no Dios. Tarde o temprano le tendremos que responder por lo que hemos hecho desagradándole.

I. El pecado descubierto -«Tú eres aquel hombre...» (verso 7).

   1. Natán fue cauteloso en su misión.
   2. Por medio de una parábola toca a la puerta de la conciencia de David.
   3. David pide, en su posición de juez, restitución y pena de muerte para el acusado (verso 5 y 6).

      A. La ley en el caso de una oveja hurtada demandaba «cuatro ovejas» como restitución.

B. Sin saberlo, el juez declaraba su propia sentencia.

C. Así como David pidió la muerte de Urías, pide la suya propia sin saberlo.

4. Natán lo confronta sin más rodeos y le dice: «Tú eres aquel hombre...»

A. La Biblia de Jerusalén rinde, «Tú eres ese hombre.» La Nueva Biblia Española lee, «Eres tú.»

B. David vio la «paja» en aquel parabólico personaje, pero Dios le mostró la «viga» que él tenía.

C. El juez desciende de su elevación y se sienta en la silla del acusado.

D. David era inexcusable en su juicio. En Romanos 2:1 leemos: «Por lo cual eres inexcusable, oh hombre, quienquiera que seas tú que juzgas; pues en lo que juzgas a otro, te condenas a ti mismo; porque tú que juzgas haces lo mismo.»

E. David escondió su pecado, pero Dios se lo descubrió; enterró su culpa en lo profundo de la conciencia, pero le fue desenterrada; echó su maldad en el mar profundo del olvido, pero la misma salió a flote.

II. El pecado castigado -«He aquí yo haré levantar el mal sobre ti de tu misma casa...» (verso 11).

1. Dios le recuerda a David todas las bendiciones pasadas (versos 7-8).

2. Natán lo interroga, «¿Por qué, pues, tuviste en poco la palabra de Jehová, haciendo lo malo delante de sus ojos?»

3. En el versículo 9 la acusación de David es pronunciada por Natán.
4. Así como David le da una cuádruple sentencia:

A. «... no se apartará jamás de tu casa la espada...» (verso 10).
B. «He aquí yo haré levantar el mal sobre ti de tu misma casa...» (verso 11).
C. «y tomaré tus mujeres delante de tus ojos...» (verso 11).
D. «y las daré a tu prójimo, el cual yacerá con tus mujeres a la vista del sol» (verso 11).

5. David pecó en secreto, Dios lo castigaría en público (verso 12).

III. El pecado confesado -«Pequé contra Jehová» (verso 13).

1. David confesó lo que era, un pecador que cometió adulterio y homicidio.
2. Dios es movido a misericordia cuando el pecador confiesa su pecado (Proverbios 28:13).
3. Los Salmos 32 y 51 son dos testimonios de la confesión penitente de David.
4. El hijo pródigo dijo: «Padre, he pecado contra el cielo y contra ti» (Lucas 15:18).
5. El publicano de la parábola oró: «Dios, sé propicio a mí, pecador» (Lucas 18:13).
6. El acusado implora por clemencia.

IV. El pecado remitido -«También Jehová ha remitido tu pecado; no morirás» (verso 13).

1. La Biblia de Jerusalén en vez de «remitido tu pecado» lee «perdona tu pecado». La Versión Moderna rinde: «ha dejado pasar tu pecado».

A. La muerte que David pronunció tenía que cumplirse en él como adúltero.

B. Sólo una ley mayor enmienda otra ley. La ley de la misericordia se contrapone a la ley de la muerte de David.

C. Dios transfiere su muerte al niño: «Mas por cuanto con este asunto hiciste blasfemar a los enemigos de Jehová, el hijo que te ha nacido ciertamente morirá» (verso 14).

2. Dios envió su juicio sobre el niño (verso 15).

3. David rogó, ayunó y estuvo la primera noche de vigilia con Dios, y continuó suplicando al Señor por más días (verso 16).

4. A los siete días, el niño murió (verso 18).

5. En los versículos 19 al 23 aprendemos que aunque nuestros seres queridos mueran, no hay nada que podamos hacer, sino levantarnos y seguir hacia adelante.

CONCLUSIÓN: Así como el pecado de David demandaba muerte, Dios transfirió la misma al niño. Nuestros pecados exigían la muerte eterna (Romanos 6:23), pero el Padre celestial remitió el castigo nuestro sobre su hijo Jesús. En el Calvario, el Señor nos sustituyó.

3

El verdadero significado de...

EL VERDADERO SIGNIFICADO DE ACCIÓN DE GRACIAS

«Para que estéis enriquecidos en todo para toda liberalidad, la cual produce por medio de nosotros acción de gracias a Dios. Porque la ministración de este servicio no solamente suple lo que a los santos falta, sino que también abunda en muchas acciones de gracias a Dios» (2 Corintios 9:11-12).

INTRODUCCIÓN: En el año 1621, por vez primera se celebró el día de Acción de Gracias en Plymouth. Durante los días de la revolución, el congreso recomendó el día de Acción de Gracias anualmente. El presidente James Madison proclamó dicho día en el año 1789 y en el 1795. A partir del año 1817 se ha estado celebrando anualmente en el estado de Nueva York. En el año 1943 el día tradicional fue restaurado a nivel nacional por el congreso. En el Canadá no se celebra el cuarto jueves de Noviembre, sino un lunes de Octubre.

Con el transcurso de los años, el día de Acción de Gracias ha ido perdiendo su significado y propósito. Quiero considerar con usted los tres significados dados al día de Acción de Gracias.

I. El significado del mundo:

    1. Para el mundo, el día de Acción de Gracias es una festividad más en el calendario.

    2. El énfasis en el pavo no permite que la sombra de la cruz se manifieste.

3. El apetito físico no debe quitar el apetito espiritual.
4. El mundo ve un día, Dios ve una acción.

II. El significado religioso:

1. Para muchos profesantes del cristianismo, tanto católicos como evangélicos el día de Acción de Gracias no va más allá de una tradición.
2. Muchos cristianos no guardan el día de Acción de Gracias.

   A. Prefieren trabajarlo.
   B. Prefieren quedarse todo el día en el hogar y no visitan un templo.

3. Ellos, el tipo de cristianos ya mencionados, se justifican diciendo: «Todos los días es Acción de Gracias.» «Yo le doy siempre gracias a Dios, no lo tengo que hacer un solo día.»

   A. Esto es fariseísmo religioso.
   B. Lo que les conviene lo celebran (cumpleaños, aniversarios de bodas, Nochebuena, etc...).

III. El significado espiritual:

1. En el día de Acción de Gracias el creyente cuenta las bendiciones.

   A. No cuenta las pruebas.
   B. No cuenta los fracasos.
   C. No cuenta las tragedias.

2. En este día los creyentes se congregan para juntos dar gracias a Dios por sus múltiples misericordias.

   A. Adoran unidos.

B. Testifican unidos.

C. Participan de la Santa Cena unidos.

3. Algunas enseñanzas bíblicas sobre la Acción de Gracias:

A. *La Acción de Gracias se aplicaba a cierto sacrificio*: «Y cuando ofreciéreis sacrificio de Acción de Gracias a Jehová, lo sacrificaréis de manera que sea aceptable» (Levítico 22:29).

B. *La Acción de Gracias se asociaba con la adoración*: «Y Matanías, hijo de Micaía, hijo de Zabdi, hijo de Asaf, el principal, el que empezaba las alabanzas y Acción de Gracias al tiempo de la oración...» (Nehemías 11:17).

C. *La Acción de Gracias se hacía en voz alta*: «Para exclamar con voz de Acción de Gracias y para contar todas tus maravillas» (Salmo 26:7).

D. *La Acción de Gracias era característica de los que entraban al templo*: «Entrad por sus puertas con Acción de Gracias, por sus atrios con alabanza; alabadle y bendecid su nombre» (Salmo 100:4).

E. *La Acción de Gracias se expresa con el entendimiento*: «Porque si bendices sólo con el espíritu, el que ocupa lugar de simple oyente, ¿cómo dirá el Amén a tu Acción de Gracias? Pues no sabe lo que has dicho» (1 Corintios 14:16).

F. *La Acción de Gracias se practica en el cielo*: «Y siempre que aquellos seres vivientes dan gloria y honra y Acción de Gracias al que está sentado en el trono, al que vive por los siglos de los siglos» (Apocalipsis 4:9).

4. En el día de Acción de Gracias se puede:

A. Orar con toda la familia.
B. Compartir testimonios de lo que Dios ha hecho delante de los familiares y amigos inconversos.
C. Reflexionar sobre algún pasaje bíblico por alguno de los creyentes.

ORACIÓN: Señor Jesucristo, una vez más me acerco a ti con el firme y único propósito de darte gracias. Lo que Tú has hecho por mí, merece que te esté agradecido toda mi vida. En mis angustias Tú me has socorrido. En cada prueba Tu presencia me ha estado acompañando. En las necesidades he visto Tu mano suplir. En la adversidad Tú has estado de mi parte. En este día yo quiero ser para Ti la ofrenda de Acción de Gracias. Recíbeme como tal y haz de mí lo que Tú quieras. Amén.

EL VERDADERO SIGNIFICADO DEL AÑO NUEVO

«Hermanos, yo mismo no considero haberlo ya alcanzado; pero una cosa hago: olvidando lo que queda atrás, y extendiéndome a lo que está delante, prosigo a la meta, para conseguir el premio del supremo llamamiento de Dios en Cristo Jesús» (Filipenses 3:13-14, RV–1977).

INTRODUCCIÓN: Cada año nuevo pone delante de nosotros un vasto territorio que podemos conquistar. En cada uno de nosotros hay capacidades que no hemos todavía descubierto; talentos que están como ricos yacimientos de oro en minas humanas que necesitan ser explotadas. Debajo de nuestro árido desierto corren vetas vertiginiosas de potencialidades que nos pueden transformar de personas ordinarias en personas extraordinarias. Usted, en este año nuevo, si así se lo propone, y con la ayuda que Dios le garantiza, llegará a ser esa persona que desea ser, si lo quiere ser. Sin nada más, entremos en materia de predicación.

I. No sea conformista, Pablo dijo: «Hermanos, yo mismo no considero haberlo ya alcanzado.»

   1. Notemos la palabra «hermanos». El apóstol le habla a la iglesia, es decir, a usted y a mí. Nos llama «hermanos», o sea nos ubica en un plano de privilegios y derechos espirituales.
   2. Luego presenta un tácito ejemplo, «yo mismo». Él

podía darse el lujo de esconder su real yo; de glorificarse un poco. No lo hizo. El escritor Mark Twain dijo: «Cada uno es una luna, y tiene un lado oscuro que nunca le muestra a nadie.»

A. Nosotros podemos disimular nuestras faltas, otros las descubren.
B. Dios ve nuestro lado oscuro, pero nos ayuda a alcanzar nuestra propia realización.
C. Cuando somos nosotros mismos, otros nos aprecian mejor. Aunque tengamos un lado oscuro, alumbremos con el otro lado a los demás.

3. Ahora, prestemos suma atención a estas palabras: «no considero haberlo ya alcanzado».

A. La palabra «considero» (RV-1977) se lee: «pretendo» (RV-1960); «creo» (Biblia de Jerusalén.)
B. Pablo fue sincero en su confesión. Hay que ser sinceros con Dios, con el prójimo y para con nosotros mismos. Es probable que engañemos al prójimo, pero no a Dios ni a nosotros mismos.
C. ¿Cuáles son algunas de las metas y resoluciones que usted se propuso lograr este año pasado y no ha alcanzado? ¿Un mejor trabajo? ¿Educación? ¿Una casa? ¿Dedicarse más al ministerio? ¿Tener más tiempo con la familia? ¿Asistir con más regularidad al templo? ¿Orar con más hábito?

II. No haga muchas cosas a la vez, «pero una cosa hago».

1. En estas palabras descubrimos uno de los secretos del éxito. El salmista David también dijo: «una cosa he demandado a Jehová» (Salmo 27:4).

2. El fracaso de muchos cristianos y no cristianos es querer hacer muchas cosas a la misma vez. En Puerto Rico tenemos un dicho: «Quien mucho aprieta poco agarra.»

   A. Sólo una cosa puede tomar la atención a una vez.
   B. Se necesita funcionar en una escala de prioridades. Dándole lugar primero a lo más importante y esencial.
   C. No haga muchas cosas haga «una cosa».

3. Estar mentalmente desocupado enmohece el potencial para que, como seres humanos, lleguemos a realizarnos.

   A. Probablemente usted diga: «Hermano Kittim, yo no sirvo para nada. Las cosas están bien hasta tanto yo las toco.» Querido hermano, usted lo que tiene es miedo a tratar. Son muchas las cosas que para el Señor usted puede hacer que yo no puedo.
   B. Eliminemos de nuestro vocabulario negativo ese pensamiento y sustituyámoslo por un pensamiento espiritual: «Todo lo puedo en Cristo que me fortalece» (Filipenses 4:13).

III. No sea víctima del pasado, «olvidando lo que queda atrás».

1. El problema de muchos creyentes es que viven bajo la tiranía y dictadura del pasado.

   A. Los fracasos pasados no les permiten ver las victorias presentes.
   B. El resentimiento los tiene como a Lázaro;

atados con vendas de inferioridad que no les permiten poder caminar aunque tienen vida.

C. La nostalgia los tiene caminando de espaldas al futuro.

2. En el Señor hay victoria sobre la culpa, sobre la inferioridad y sobre la falta de estima propia. Dice la Biblia: «Amarás a tu prójimo como a ti mismo.» Aprenda a amarse.

3. Cuando dejamos que los fantasmas del pasado nos persigan:

A. Bloqueamos todo potencial de llegar a ser lo que deseamos.

B. Dejamos de poner nuestra fe en Dios y en sus promesas bíblicas, y comenzamos a tener fe en las dudas, el temor, el miedo...

IV. Sea un triunfador, «y extendiéndome a lo que está delante».

1. La dirección en la cual nos movemos determinará lo que seremos, lo que tendremos y lo que alcanzaremos.

2. Nada nos debe desviar de alcanzar nuestras metas.

A. Elévese por encima de los obstáculos.

B. Proyéctese más allá de las circunstancias.

C. Deje de pertenecer a la lista de los fracasados y póngase con la ayuda de Dios entre aquellos que son triunfadores.

3. Póngase una meta y corra hasta alcanzarla.

A. El problema es que muchos de nosotros nos rendimos muy pronto.

B. Comenzamos con mucho ánimo y llenos de aspiraciones, pero somos muy propensos al desánimo.

C. Criticando a los demás y mirando lo que otros están alcanzando muchas veces nos detiene de alcanzar nuestra propia meta.

ORACIÓN DE AÑO NUEVO

Señor, tú me has dado un año limpio y nuevo.
Ayúdame sus páginas puras conservar;
quiero escribir en ellas sólo pensamientos buenos,
sin intenciones malas que tenga que borrar.

No permitas que ensucie mi boca o mi mano,
esta página blanca que tan pura se ve.
Haz, oh Dios, que yo sepa que en mi llanto humano
pronto auxilio amoroso a tu lado tendré.

Que tu gozo me inunde al cumplir mi deber;
estar siempre yo quiero en tu fiel voluntad.
Y la voz de tus labios que me causa placer,
siempre paz en mi alma, una paz de verdad.

Condúceme, Señor, por sendas tranquilas,
pero si acaso éstas se abrieran por
caminos de montañas encrespadas y en filas,
haz que yo te responda: «Heme aquí, Señor.»

EL VERDADERO SIGNIFICADO DEL DÍA DE LAS MADRES

«Honra a tu padre y a tu madre, para que tus días se alarguen en la tierra que Jehová, tu Dios, te da» (Éxodo 20:12).

INTRODUCCIÓN: El segundo domingo de mayo se ha separado como un día de honor a todas las madres de los Estados Unidos. Ese día de las Madres lo inició una cristiana llamada Ana M. Jarvis, en mayo de 1907, siendo miembro en una congregación en Philaderphia. Ya para el año 1911, la mayoría de las iglesias celebraban el día de las Madres. En el año 1914, el Congreso proclamó el mismo como día feriado en toda la nación.

I. Algunas madres de la Biblia:

1. *Eva, la primera madre que perdió a un hijo*: «Y conoció de nuevo Adán a su mujer, la cual dio a luz un hijo, y llamó su nombre Set: Porque Dios (dijo ella) me ha sustituido otro hijo en lugar de Abel a quien mató Caín» (Génesis 4:25).
2. *Sara, la madre que se molestó cuando Ismael se burlaba de su hijo*: «Y vio Sara que el hijo de Agar la egipcia, el cual ésta le había dado a luz a Abraham, se burlaba de su hijo Isaac» (Génesis 21:9).
3. *La madre de Moisés que escondió a su hijo*: «... y dio a luz un hijo; y viéndole que era hermoso, le tuvo escondido tres meses» (Éxodo 2:2).

4. *Ana, la madre que dedicó a su hijo Samuel*: «Por este niño oraba, y Jehová dio lo que le pedí. Yo, pues, lo dedico también a Jehová; todos los días que viva, será de Jehová. Y adoro allí a Jehová» (Éxodo 1:27-28).

5. *Betsabé, la madre que rogó por el derecho al trono de su hijo*: «Y el rey juró diciendo: Vive Jehová, que ha redimido mi alma de toda angustia, que como yo te he jurado por Jehová, Dios de Israel, diciendo: Tu hijo Salomón reinará después de mí, y él se sentará en mi trono en lugar mío; que así lo haré hoy» (1ª Reyes 1:29-30).

6. *María, la madre del Salvador que le acompañó hasta su muerte*: «Estaban junto a la cruz de Jesús su madre, y la hermana de su madre, María, mujer de Cleofás y María Magdalena» (Juan 19:25).

7. *Loida y Eunice, dos madres de fe*: «Trayendo a la memoria la fe no fingida que hay en ti, la cual habitó primero en tu abuela Loida, y en tu madre Eunice, y estoy seguro que en ti también» (2ª Timoteo 1:5).

II. Una comparación a 1ª Corintios 13:4-8 con la madre:

«El amor es sufrido, es benigno.»
La madre es sufrida, es amable.

«El amor no tiene envidia.»
La madre no es envidiosa.

«El amor... no es jactancioso, no se envanece.»
La madre no se las echa, no se cree mejor que otras madres.

«El amor... no es indecoroso.»
La madre no hace cosas indebidas.

53

«El amor... no busca lo suyo.»
La madre no piensa en sí misma. No es egoísta con sus hijos.

«El amor... no se irrita.»
La madre sabe controlar su temperamento.

«El amor... no guarda rencor.»
La madre sabe perdonar las faltas de sus hijos.

«El amor... no se goza de la injusticia.»
La madre no aplaude las malas costumbres de sus hijos.

«El amor... se goza de la verdad.»
La madre da ejemplo con la verdad.

«El amor... todo lo sufre.»
La madre está dispuesta a morir por un hijo.

«El amor... todo lo cree.»
La madre nunca deja de creer que su hijo llegará a ser lo que debe ser.

«El amor... todo lo espera.»
La madre es paciente y sabe esperar en Dios.

«El amor... todo lo soporta.»
La madre soporta todas las cosas por amor.

«El amor nunca deja de ser.»
La madre ama por encima de todas las cosas.

PENSAMIENTO: «Solamente una madre sabe lo que significa amar y ser feliz» (A Von Chamisso).

EL VERDADERO SIGNIFICADO DE LA ENTRADA TRIUNFAL

«Y la gente que iba delante y la que iba detrás aclamaba, diciendo: ¡Hosanna al hijo de David! ¡Bendito el que viene en el nombre del Señor! ¡Hosanna en las alturas! Cuando entró él en Jerusalén, toda la ciudad se conmovió, diciendo: ¿Quién es éste? Y la gente decía: Éste es Jesús, el profeta de Nazaret de Galilea» (Mateo 21:9-11).

INTRODUCCIÓN: La entrada a Jerusalén da comienzo al último acto del drama salvador de Jesús. El Señor entró en un tiempo oportuno y específico.

I.   Un acto planificado:

    1.   El envío de los discípulos, la aldea, el asno y el pollino atado formaba parte de un plan preparado.

    2.   La frase «El Señor los necesita» era una contraseña o prueba.

    3.   En el drama de la redención todo fue planificado y no hubieron actos improvisados.

II.   Un acto espectacular:

    1.   En esa Pascua se sacrificaron unos 250.000 corderos. Si a cada diez personas se les asignaba un cordero o un cordero por familia (Éxodo 12:3), fácilmente hubo una multitud de más de dos millones de personas.

2. Ese acto recordaba lo hecho al rey Jehú y a Simón Macabeo.

«Entonces cada uno tomó apresuradamente su manto, y lo puso debajo de Jehú en un trono alto, y tocaron corneta, y dijeron: Jehú es rey» (2ª Reyes 9:13).

«El día veintitrés del segundo mes del año ciento sesenta y uno, entró Simón en la ciudadela entre cantos de alabanza, con palmas y al son de arpas, platillos y cítaras, con himnos y cantos, porque Israel se había visto libre de un terrible enemigo» (1ª Macabeos 13:51).

3. Era un recordatorio de la purificación del templo judío por Judas Macabeo.

«Por esto, llevando limones adornados con hojas, ramas frescas de árboles y hojas de palmera, cantaban himnos a Dios; que había llevado a buen término la purificación del santuario» (2ª Macabeos 10:7).

III. Un acto mesiánico:

1. Leamos Zacarías 9:9, «Alégrate mucho, hija de Sión, da voces de júbilo, hija de Jerusalén; he aquí tu rey vendrá a ti justo y salvador, humilde, y cabalgando sobre un asno, sobre un pollino, hijo de asna.»

2. Según William Barclay la entrada triunfal del Señor muestra tres cosas: (a) El coraje de Jesús. (b) La afirmación de Jesús sobre sí mismo. (c) El llamado de Jesús, un llamado de amor (Mateo II, Editorial La Aurora, pp. 249-250).

A. *El coraje de Jesús.* Él pudo haber simulado su

entrada a Jerusalén, la ciudad donde tenía tantos enemigos. No lo hizo, Él quería que se hiciera pública su llegada. Jesús nunca se escondió de nadie o disimuló ser otro que no era.

B. *La afirmación de Jesús sobre sí mismo.* Es su deseo de ser reconocido como el rey de la humanidad. Él no buscaba que la humanidad lo viera como profeta sino como Mesías. No como hombre sino como Dios-encarnado. No como buena gente sino como Dios bueno.

C. *El llamado de Jesús, un llamado de amor.* Su cetro de poder no estaba en la fuerza humana o en la espada de la guerra; sino en el bálsamo del amor. Él no vino a destronar reyes y a usurpar tronos. En los corazones dispuestos Él encuentra su trono para reinar. En la Iglesia el Señor tiene su reino del ahora como preámbulo a su reino escatológico milenial.

CONCLUSIÓN: El drama de la redención todavía se está exhibiendo. ¿Qué papel desempeñas en el mismo? ¿Eres actor o eres extra? ¿Participas o lo observas? ¿Estás verdaderamente involucrado en este drama? Si no lo estás, yo te invito en esta hora a dejar que Jesús sea el director y productor de tu vida. Amén.

Este sermón fue predicado a la Primera Iglesia Bautista de habla española, Manhattan, New York. Cuyo pastor lo es el Rev. Roberto Rivera.

23 de Marzo de 1986

EL VERDADERO SIGNIFICADO
DE LA NAVIDAD

«Pero el ángel les dijo: No temáis; porque he aquí os doy nuevas de gran gozo, que será para todo el pueblo, que os ha nacido hoy, en la ciudad de David, un Salvador, que es Cristo el Señor» (Lucas 2:10-11).

INTRODUCCIÓN: Cada temporada navideña trae consigo una paradoja: alegría y tristeza; regalos y gastos; gozo y melancolía; recuerdos y metas... La Navidad como la celebramos hoy día, nunca fue una festividad para la Iglesia primitiva. No fue hasta el siglo IV, bajo la tolerancia que concedió el edicto de Constantino, que la Iglesia, gozando de su privilegio de ser la religión oficial del imperio romano, adoptó el día 25 de diciembre para conmemorar el natalicio del Señor Jesucristo. Con la fecha del 25 de diciembre coincidían las fiestas paganas del Sol y Saturno. Al aceptar dicho día para celebrar la Natividad se sustituía una observación cristiana por la pagana.

Es interesante notar que los días de las semana habían sido dedicados a la adoración de los dioses mitológicos romanos: El día lunes (en inglés Monday) fue dedicado y nombrado en honor a la diosa Luna. El martes (en inglés Tuesday con la etimología de Thor) fue dedicado al dios Marte. El miércoles fue dedicado al dios Mercurio. El jueves fue dedicado al dios Júpiter. El viernes fue dedicado a la diosa Venus. El sábado fue dedicado al dios Saturno. El domingo (en inglés Sunday) fue dedicado al dios Sol.

Personalmente, no creo que Jesús haya nacido un día 25 de diciembre. La centralidad y la importancia de la Navidad no debe estar tanto en el día sino en la realidad histórica de que Jesús, el Hijo de Dios, nació en la familia humana. Es mi deseo que en estas navidades usted descubra el verdadero significado de la misma.

I. El significado social:

    1. Navidad representa competencia individual y colectiva.
    2. Navidad representa comercio, ventas y especiales.
    3. Navidad produce tensión y depresión.

       A. En lo financiero.
       B. En lo emocional.
       C. En lo familiar.

    4. En esta época las estadísticas por consecuencia de crímenes, accidentes, homicidios y suicidios aumentan. Muchas personas escogen el día 24 de diciembre o el día 31 de este mismo mes para cometer suicidio. ¿Por qué? Por la depresión que éstos pueden producir en muchos corazones melancólicos, oprimidos y solitarios.

II. El significado religioso:

    1. Hemos cambiado el pesebre por el árbol de la navidad; los magos por el anglosajón barrigudo, risueño, saludable y dadivoso Santa Claus (Papa Noel.)

ILUSTRACIÓN: Cuando era niño recuerdo que el día 5 de enero, en una caja vacía de zapatos poníamos hierba, un vaso de agua y maíz. En la noche, con la caja de zapatos preparada y puesta debajo de la cama, nos acostábamos temprano. En nuestro sueño de niños, veíamos los Tres Reyes Magos que, en gigantescos camellos, venían a traernos regalos. El nombre de éstos según nuestra tradición es : Gaspar, Melchor y Baltasar. En mi casa se nos decía que Melchor era el que nos visitaba. Temprano en la mañana del día 6 de enero, junto a la caja vacía de zapatos, encontrábamos los regalos. Luego los mayores nos enseñaban pistas y huellas dejadas por los camellos, incluyendo la hierba y el maíz que les habíamos puesto.

2. Muy poco se hace en las congregaciones evangélicas para recordar los milagros de la navidad:

A. *El milagro de la concepción*, «Entonces María dijo al ángel: ¿Cómo será esto? Pues no conozco varón» (Lucas 1:34).

Este es uno de los milagros pilares de la fe cristiana. María quedó embarazada sin la mediación humana, pero todos sus órganos reproductivos fueron activados por el poder de Dios.

B. *El milagro del cambio de pensamiento en José*, «Y pensando él en esto, he aquí un ángel del Señor le apareció en sueños y le dijo: José, hijo de David, no temas recibir a María, tu mujer, porque lo que en ella es engendrado, del Espíritu Santo es» (Mateo 1:20).
Sólo Dios podía cambiar la mente de José. Se necesitaba un barril de fe y estar en el lugar de José para creer una historia como la de María. Estaba embarazada y decía que era de Dios. En sus planes estaba el irse a otra región, pero en un sueño Dios hizo un milagro en Don José.

C. *El milagro del tiempo preciso para el alumbramiento*, «Y aconteció que estando allí (Belén), se cumplieron los días de su alumbramiento» (Lucas 2:6).

Según William Barclay de Nazaret a Belén había ciento veinte kilómetros. Piense por un momento, una mujer embarazada, está en su último mes, está haciendo un largo viaje sobre el lomo de un asno que demoraría unos cinco días. Lo milagroso está en que otra mujer, en semejantes condiciones, hubiera dado a luz. Pero María tuvo su alumbramiento en el tiempo preciso y de Dios.

D. *El milagro del pesebre*, «Y dio a luz a su hijo primogénito, y lo envolvió en pañales, y lo acostó en un pesebre, porque no había lugar para ellos en el mesón» (Lucas 2:7).

La palabra griega de la cual se traduce «pesebre» es «phatne» y literalmente significa: lugar para alimentar a los animales. Puede rendirse comedero. El recipiente donde los animales comían y bebían fue la cuna del niño Jesús.

Sobre esto dice Barclay: «El hecho de que no hubiera lugar en el mesón es un símbolo de lo que iba a suceder con Jesús. El único sitio en el cual hubo lugar para él fue en la cruz. Buscó una entrada a los corazones repletos de los hombres y no la encontró; continúa buscando y sigue siendo rechazado» (El Nuevo Testamento comentado, Lucas, Editorial La Aurora, página 26).

E. *El milagro de la estrella*, «Cuando Jesús nació

en Belén de Judea, en días del rey Herodes, vinieron del oriente a Jerusalén unos magos, diciendo: ¿Dónde está el rey de los judíos que ha nacido? Porque su estrella hemos visto en el oriente, y venimos a adorarle» (Mateo 2:1-2).

Esa no era una estrella cualquiera, era la estrella del Señor. Así como una nube en el día y una llama de fuego en la noche dirigió al pueblo hebreo en su peregrinaje por el desierto, una estrella dirigió de noche a los magos. Notemos la fe de estos sabios del oriente: «¿Dónde está el rey de los judíos que ha nacido?» Luego consideremos su propósito: «venimos a adorarle». Los sabios son aquellos seres humanos que ponen su fe en Jesús y que, venciendo todo obstáculo y distancia, buscan adorarle.

La explicación de la estrella carece de importancia. Muchos, en vano, han gastado tinta y papel tratando de identificar dicha estrella con el cometa Haley o con un grupo de ángeles. El propósito de la estrella es lo que cuenta. ¿Cuáles son algunas de las estrellas-espirituales que Dios nos ha dado para seguir a Jesús?

III. El significado espiritual:

1. La Navidad debe ser una época para pensar más en Jesús, en sus obras, en sus milagros, en su amor y en su misericordia.

2. En esta Navidad podemos dar un buen regalo a otros. Lo podemos envolver de esta manera:

   A. Una sonrisa a alguien que esté entristecido. En estas navidades busque a quien necesite una sonrisa y regálele una.

B. Una visita a alguien que esté solitario. Esa persona sola la puede descubrir en un parque acostada sobre un banco, en un hospital, en un hogar de ancianos, en un vecino olvidado por sus hijos, en un familiar sin compañía...

C. Una entrega de nosotros a los demás. ¿Se ha puesto usted a pensar que muchas veces damos más de lo que nos damos a nosotros mismos.? Es más fácil dar algo que ofrecer un poquito de nosotros. Darnos a nosotros mismos es dar a otros amor, comprensión, fe, bondad, confianza, estima, estímulo, motivación, ánimo fortaleza...

D. Un testimonio de lo que Cristo ha hecho en nosotros. El mejor regalo de la Navidad se deletrea en cinco letras: J-E-S-Ú-S. El cristiano genuino aprovecha estos días navideños para testificar a sus seres queridos, amigos y vecinos. En una tarjeta de navidad podemos escribir un corto mensaje de salvación. En un regalo podemos dar una Biblia o un libro de motivaciones espirituales. En la Nochebuena tenemos la oportunidad de dirigir a nuestros seres queridos en un momento de adoración y de meditación en la persona de Jesús, el corazón de la Navidad.

ORACIÓN: Señor Jesucristo, gracias te doy porque un día en un humilde pesebre, comedero de animales, hallaste el primer sitio para descansar tu cuerpo. Te suplico que hagas de mí un milagro en estas Navidades para señalar a otros Tu imarcesible y augusta realidad. Jesús, te deseo una feliz Navidad. Amén.

EL VERDADERO SIGNIFICADO DE LA RESURRECCIÓN DE JESÚS

«Al cual Dios resucitó sueltos los dolores de la muerte, por cuanto era imposible que fuese retenido por ella» (Hechos 2:24, RV-1977).

INTRODUCCIÓN: La resurrección del Señor Jesucristo constituye uno de los pilares de la fe cristiana. La muerte de Jesús sin la resurrección no hubiera significado absolutamente nada. Hubiera sido una muerte cualquiera. Pero de algo podemos estar seguros, el Señor murió y resucitó. Él dejó su tumba vacía.

I.   Es revalado en la profecía:

    1.   Por medio de tipos.

        A.   La resurrección figurada de Isaac es tipo de la resurrección de Jesús (Génesis 22:8-13).
        B.   La liberación de José de la cisterna es tipo de la resurrección de Jesús (Génesis 38:24-28).
        C.   La expulsión de Jonás por el gran pez después de tres días y sus noches es tipo de la resurrección del Señor (Jonás 1:17, 2:10 cf. Mateo 12:40).

    2.   Por medio de palabras.

A. «No moriré, sino que viviré. Y contaré las obras de Jah» (Salmo 118:17, RV- 1977).
B. «Porque no dejarás mi alma en el Seol, ni permitirás que tu santo vea corrupción» (Salmo 16:10, RV-1977 cf. Hechos 2:27).
C. «Con todo eso, Jehová quiso quebrantarlo, sujetándole a padecimiento. Cuando haya puesto su vida en expiación por el pecado verá descendencia, vivirá por largos días, y lo que plazca a Jehová se cumplirá por su mano» (Isaías 53:10, RV-1977).

II. Es demostrado por Jesús:

1. Él habló de su resurrección.

A. «Mientras caminaban ellos por Galilea les dijo Jesús: El Hijo del Hombre va a ser entregado en manos de hombres, y le matarán; y al tercer día resucitará. Y ellos se entristecieron en gran manera» (Mateo 17:22-23, RV-1977).
B. «Pero después que haya resucitado, iré delante de vosotros a Galilea» (Mateo 26:32, RV-1977).
C. «Cuando iban bajando del monte, les ordenó que a nadie contaran lo que habían visto, excepto cuando el Hijo del Hombre se levantara de los muertos. Y retuvieron este dicho, debatiendo entre ellos qué era eso de levantarse de los muertos» (Marcos 9:9-10, RV-1977).

2. Él fue resucitado.

A. *Por el poder divino.*
«Al cual Dios resucitó, sueltos los dolores de la muerte, por cuanto era imposible que fuese retenido por ella» (Hechos 2:24, RV-1977).
B. *Por el poder propio.*

«Respondió Jesús y les dijo: Destruid este templo, y en tres días lo levantaré» (Juan 2:19, RV-1977).

«Por eso me ama el Padre, porque yo pongo mi vida, para volverla a tomar. Nadie me la quita, sino que yo la pongo de mí mismo. Tengo potestad para volverla a tomar. Este mandamiento recibí de mi Padre» (Juan 10:17-18, RV-1977).

C. *Por el poder del Espíritu Santo.*

«Que fue declarado Hijo de Dios con poder, según el Espíritu de santidad, por la resurrección de entre los muertos» (Romanos 1:4).

III. Es esperanza del creyente:

1. *Confirmada*, «Y si el Espíritu de aquel que levantó de los muertos a Jesús habita en vosotros, el que levantó de los muertos a Cristo Jesús vivificará también vuestros cuerpos mortales por medio de su Espíritu que habita en vosotros» (Romanos 8:11, RV-1977).

2. *Semejante*, «El cual transfigurará el cuerpo de nuestro estado de humillación, conformándolo al cuerpo de la gloria suya, en virtud del poder que tiene también para someter a sí mismo todas las cosas» (Filipenses 3:21, RV-1977).

3. *Recordada*, «Acuérdate de Jesucristo del linaje de David, resucitado de los muertos conforme a mi evangelio» (2 Timoteo 2:8, RV-1977).

PENSAMIENTO: «Aquí yace, pasto de los gusanos, el cuerpo de Benjamín Franklyn, impresor. Como las cubiertas de un libro cuyas hojas están rotas, y cuya encuadernación está gastada; pero la obra no se perderá, porque reaparecerá, según él cree, en una nueva edición revisada y corregida por el autor» (Franklyn).

EL VERDADERO SIGNIFICADO
DE LAS SIETE PALABRAS

«Era la hora tercera cuando le crucificaron. Y el título escrito de su causa era: El rey de los judíos» (Marcos 15:25-26).

INTRODUCCIÓN: En las siete palabras nuestro Señor Jesucristo expresa los más profundos sentimientos de su corazón. Él ora al Padre, pero también habla a la humanidad.

I. La palabra de perdón -«Padre, perdónalos, porque no saben lo que hacen» (Lucas 23:34).

   1. «Padre...»

      A. Jesús se dirige a su Padre celestial, sabiendo que éste le oye.
      B. Esta palabra revela la relación de Hijo a Padre.
      C. El uso de este pronombre indica que la petición está fuera de su control, todo está bajo la dirección del Padre.

   2. «... perdónalos,...»

      A. Es un perdón sin limitaciones.
      B. Es una acción de absolución continua.
      C. Es la manifestación del amor, «... no guarda rencor...» (1 Corinitos 13:5).

3. «... porque no saben lo que hacen».

   A. Pedro dijo sobre la crucifixión del Señor: «Sé que por ignorancia lo habéis hecho» (Hechos 3:17).
   B. Pablo expresó: «Porque los habitantes de Jerusalén y sus gobernantes, *no conociendo a Jesús*, ni las palabras de los profetas que se leen todos los días de reposo, las cumplieron al condenarle» (Hechos 13:27).
   C. La ignorancia no excusa al pecado. Los que crucificaron a Jesús, lo hicieron cumpliendo órdenes, los que lo acusaron creían cumplir su deber, pero aun así pecaron.

II. La palabra de promesa -«De cierto te digo que hoy estarás conmigo en el paraíso» (Lucas 23:43).

   1. El Nuevo Testamento Viviente rinde así: «Solemnemente te lo prometo: hoy estarás conmigo en el paraíso.»
   2. Los evangelios apócrifos se refieren a los dos ladrones que fueron crucificados junto a Jesús como Dimas y Gestas (Actas de Pilato IX, 5).
   3. Según el apócrifo llamado «Declaración de José de Arimatea, en el capítulo I y versos 1 y 2, se describe a estos dos ladrones:

      A. «El primero, llamado Gestas, solía dar muerte de espada a algunos viandantes, mientras que a otros les dejaba desnudos y colgaba a las mujeres de los tobillos cabeza abajo para cortarles después los pechos; tenía predilección por beber la sangre de miembros infantiles; nunca conoció a Dios...»
      B. «El segundo, por su parte, estaba encartado de

la siguiente forma: se llamaba Dimas; era de origen galileo y poseía una posada. Atracaba a los ricos, pero a los pobres les favorecía... Se dedicaba a saquear a la turba de los judíos; robó los libros de la ley en Jerusalén, dejó desnuda a la hija de Caifás...»

4. De esta segunda palabra del Señor aprendemos que no hay pecado grande que el Señor deje de perdonar, y que nunca es tarde para que el hombre se arrepienta, mientras viva, de sus pecados.
5. Jesús le prometió a este pecador arrepentido, una vida de comunión en la eternidad.
6. Cuando la muerte lo arrebató, el paraíso lo recibió.

III. La palabra de provisión -«Mujer, he ahí tu hijo» y a Juan, «He ahí tu madre» (Juan 19:26, 27).

1. Esta palabra, que por cierto son dos declaraciones, fue dirigida a dos personas importantes en la vida del Señor, su madre María y el más joven de los discípulos, llamado Juan.
2. William Barclay presenta la teoría de que la llamada «hermana» de la madre de Jesús (Juan 19:25) y «la madre de los hijos de Zebedeo» (Mateo 27:56) y «Salomé» (Marcos 15:40) son una misma persona.

   A. Si este gran erudito está en lo correcto, entonces Juan y Jesús eran primos.
   B. Esto nos ayudaría a entender la expresión, «Y desde aquella hora el discípulo la recibió en su casa» (Juan 19:27).

3. La razón principal por la cual el Señor le entregó la custodia de su madre a Juan puede deberse a la incredulidad de sus hermanos.

A. «Porque ni aun mis hermanos creían en él» (Juan 7:5).

4. Aun en el umbral mismo de la muerte, no olvidó que tenía responsabilidades para su viuda madre. Proveyó para su cuidado futuro.
5. Esta palabra es un ejemplo para todos los hijos del mundo. La madre es un tesoro que jamás se debe descuidar, ni tampoco olvidar.

IV. La palabra de soledad -«Dios mío, Dios mío, ¿por qué me has desamparado?» (Mateo 27:46).

1. Originalmente, Jesús expresó esto en arameo, «Elí, Elí, ¿lama sabactani?» Éste era el idioma de su infancia.
2. En medio de su dolor humano y de su tragedia ineludible, el Señor experimentó una soledad divina. Era como si Dios se hubiera olvidado de él, dejándolo solo.
3. Si algo nos enseña esta palabra, es la agonía humana por la cual atravesó el Maestro. Su sufrimiento no era fingido, era real.
4. Estas palabras son la introducción al Salmo 22:1, por cierto mesiánico en su contenido.
5. En esta palabra-oración, el Señor cita la Palabra.

V. La palabra de necesidad -«Sed tengo» (Juan 19:28).

1. De los cuatro evangelios, Juan es el único que dio importancia a la sed de Jesús. ¿Por qué?

A. Este evangelio fue el último libro escrito del Nuevo Testamento. Se escribió por el año 100. Juan tenía unos 95 años de edad.
B. Para la última década del siglo I, los gnósticos

habían tomado fuerza religiosa. Ellos negaban que Jesús tuvo un cuerpo real.

C. Al demostrar Juan que Jesús tuvo sed, decía que era también humano, con un cuerpo real.

2. El de Marcos es el único evangelio que ofrece una cronología exacta de la crucifixión.

A. Según el evangelio de Juan la crucifixión fue como a «la hora sexta» (Juan 19:14). Esto ha dado lugar para que muchos interpreten que Jesús fue crucificado a las 12:00 p. m. Juan computa la hora en romano.

B. Según Marcos, la crucifixión fue a «la hora tercera» (Marcos 15:25) Es decir, las 9:00 a. m. de la mañana.

C. El Señor estuvo crucificado seis horas antes de morir, lo cual evidencia su sed.

3. La crucifixión producía fiebre y mucha sed.

4. Esta sed de Jesús cumplió la profecía mesiánica.

A. «Como un tiesto se secó mi vigor, y mi lengua se pegó a mi paladar...» (Salmo 22:15).

B. La versión Dios Habla Hoy rinde: «Tengo la boca seca como una teja; tengo la lengua pegada al paladar.»

5. Para responder a esta necesidad le dieron vinagre.

A. «Y estaba allí una vasija llena de vinagre; entonces ellos empaparon en vinagre una esponja, y poniéndola en un hisopo, se la acercaron a la boca» (Juan 19:29).

B. Sin saberlo, aquellos que le dieron el vinagre estaban cumpliendo una profecía mesiánica:

«Y en mi sed me dieron a beber vinagre» (Salmo 69:21).

VI. La palabra de victoria -«Consumado es» (Juan 19:30).

1. Juan es el único de los evangelistas que registra esta palabra. Los demás indican que Jesús murió dando una fuerte voz.

   A. «Mas Jesús, habiendo otra vez clamado a gran voz, entregó el espíritu» (Mateo 27:50).
   B. «Mas Jesús dando una gran voz, expiró» (Marcos 15:37).
   C. «Entonces Jesús, clamando a gran voz...» (Lucas 23:46).

2. Parecía estar derrotado, pero estaba en victoria.
3. Su nacimiento profetizado, su concepción milagrosa, su vida ejemplar, su ministerio milagroso... era su trayectoria a la cruz.
4. «Consumado es» significa: «He completado mi misión.» «He realizado mi trabajo.» «He sido fiel a mi encomienda.» «He cumplido las profecías.» «He de morir por el pecado del hombre.» «He de poner paz entre la humanidad y mi Padre celestial.»

VII. La palabra final -«Padre, en tus manos encomiendo mi espíritu» (Lucas 23:46).

1. Lucas es el único evangelista que cita esta palabra. Los otros tres evangelios mencionan el hecho, pero no lo que el Señor dijo.

   A. Mateo dice, «... entregó el espíritu» (27:50).
   B. Marcos dice, «... expiró» (15:37).
   C. Juan dice, «... entregó el espíritu» (19:30).

2. El Señor murió citando la Palabra de Dios: «En tu mano encomiendo mi espíritu» (Salmo 31:5).

3. Hasta el momento final tuvo control de sus facultades mentales.

4. Esta palabra, al igual que la primera y la cuarta son oraciones.

5. El Señor murió de manera real y verdadera. Él no jugó al muerto, como algunos escépticos han pretendido.

ORACIÓN: Señor Jesucristo, gracias te doy por esas significativas palabras que, desde la plataforma del Calvario, pronunciaste a todo el universo.

4

La muerte

EL DÍA DE LA MUERTE

«No hay hombre que tenga potestad sobre el espíritu para retener el espíritu, ni potestad sobre el día de la muerte; y no valen armas en tal guerra, ni la impiedad librará al que la posee» (Eclesiastés 8:8).

«No hay quien tenga poder sobre la vida como para retenerla, ni tampoco quien tenga poder sobre la muerte. No hay quien escape de esta batalla. Al malvado no lo salvará su maldad» (DHH).

«Nadie puede impedir que se le escape el espíritu; nadie tiene poder para evitar el día de la muerte, pues no hay licencia que libre de esa obligación y de esa negra batalla» (BD).

INTRODUCCIÓN: Cada funeral al cual asistimos nos recuerda del día en que moriremos. La muerte es repulsiva para la mente humana. Su tema es intocable. Su mención se detesta. El ataúd, las coronas florales, las visitas sentadas, el director funeral, el ministro... todo eso parece enmarcar el cuadro tétrico de la muerte. Hoy visitamos un funeral; mañana, alguien estará en el nuestro. La razón es que nadie tiene «potestad sobre el día de la muerte».

I.   Es un día indeseable:

   1.   ¿A quién le gusta pensar en la muerte o en el día de la muerte? A nadie.
   2.   Nadie en pleno control de sus facultades desea la muerte.

77

3. La muerte, aunque no se busque, ha de llegar
4. Si algo desea el ser humano es vivir para siempre.

    A. ¿Cómo se sentiría usted estando en el funeral de toda su familia?
    B. ¿Estaría usted feliz viendo el cadáver de cada uno de sus mejores amigos?

5. El día de la muerte está bajo la soberanía de Dios.

    A. Puede llegar temprano en la vida.
    B. Puede llegar tarde en la vida.
    C. El día de la muerte es más seguro que el día del nacimiento.

II. Es un día que causa tristeza:

1. La muerte separa a un ser querido del resto de la familia.
2. La muerte esconde a un amigo de nuestra presencia.
3. La muerte, muchas veces, ocurre cuando:

    A. Más planes se hacen.
    B. La familia más necesitaba.
    C. Acariciamos la felicidad.

III. Es un día de confrontamiento:

1. En la muerte el alma-espíritu hace una travesía al más allá.
2. Ese más allá puede ser el cielo o el infierno.
3. En el instante en que el creyente muere se confronta con el Señor.

    A. «Sabiendo que en breve debo abandonar el

cuerpo, como nuestro Señor Jesucristo me ha declarado» (2 Pedro 1:13).

B. «Porque sabemos que si nuestra morada terrestre, este tabernáculo, se deshiciere, tenemos de Dios un edificio, una casa no hecha de manos, eterna, en los cielos» (2 Corintios 5:1).

C. «... teniendo deseo de partir y estar con Cristo, lo cual es muchísimo mejor» (Filipenses 1:23).

D. «Así que vivimos confiados siempre, y sabiendo que entretanto que estamos en el cuerpo, estamos ausentes del Señor (porque por fe andamos, y no por vista); pero confiamos, y más quisiéramos estar ausentes del cuerpo, y presentes al Señor» (2 Corintios 5:6-8).

E. «Aconteció que murió el mendigo, y fue llevado por los ángeles al seno de Abraham...» (Lucas 16:22).

4. El inconverso no asciende al cielo, desciende al infierno.

A. «... y murió también el rico, y fue sepultado. Y en el Hades alzó sus ojos, estando en tormentos y vio de lejos a Abraham, y a Lázaro en su seno» (Lucas 16:22, 23).

B. «Como la nube se desvanece y se va, así el que desciende al Seol no subirá; no volverá más a su casa, ni su lugar le conocerá más» (Job 7:9, 10).

C. En el juicio del gran trono blanco, los inconversos serán confrontados cara a cara con el señor (Apocalipsis 20:11-15).

ILUSTRACIÓN: Un soldado yacía en su lecho de muerte, y los que le asistían le oyeron exclamar: «¡Presente!»

Inclinándose sobre su lecho, la enfermera le preguntó si deseaba alguna cosa. El hombre contestó: «Cállese; están pasando lista en el cielo y estoy contestando mi nombre.» Se incorporó en el lecho, dijo una vez más «¡Presente!» y, cayendo pesadamente hacia atrás, pasó a estar con Cristo (Enciclopedia de Anécdotas, Samuel Vila).

ORACIÓN: Señor, un día dirán de mí que viví, que hice, que dije; muchos llorarán porque les dejé. Mi familia me echará de menos en sus reuniones. Mis amigos me extrañarán en mi ausencia. Pero algo sé, Señor, que ese día estaré más vivo que nunca. El deseo de verte cara a cara será cumplido. El día de mi muerte Tú lo transformarás en el día de la vida eterna. Ése, mi día, ya está señalado por Ti en el calendario eterno. Amén.

«SORBIDA
ES LA MUERTE EN VICTORIA»

«Y cuando esto corruptible se haya vestido de incorrupción, y esto mortal se haya vestido de inmortalidad, entonces se cumplirá la palabra que está escrita: Sorbida es la muerte en victoria. ¿Dónde está, oh muerte, tu aguijón? ¿Dónde, oh sepulcro, tu victoria? Ya que el aguijón de la muerte es el pecado, y el poder del pecado, la ley. Mas gracias sean dadas a Dios, que nos da la victoria por medio de nuestro Señor Jesucristo» (1 Corintios 15:54-58).

INTRODUCCIÓN: El famoso predicador Charles H. Spurgeon hablando del tema de la muerte se expresó de esta manera: «La muerte ha hecho la obra de un enemigo sobre aquellos que todavía han escapado de sus flechas. Los que han visitado recientemente una tumba para dejar allí sus corazones, saben de cerca qué clase de enemigo es la muerte. Se ha llevado a un amigo de nuestro lado, a un hijo del seno, y no le importa a cuántos deja llorando. Quizá ha sido la columna del hogar, o un joven en pleno florecimiento de sus capacidades. La muerte no se compadece de jóvenes ni de viejos; no respeta a los buenos ni a los hermosos. Su guadaña corta flores y hierbas nocivas, todo lo pisotea, lirios y rosas, desparramando su fragancia y secándolo con su árido aliento» (Doce sermones sobre la resurrección, Editorial Clie, páginas 133, 134). En este mensaje consideraré cuatro puntos homiléticos: I) La sentencia de la muerte para todos. II) La estima de la muerte del creyente. III) La seguridad en la muerte para el creyente. IV) La recompensa en la resurrección para el creyente.

I. La sentencia de la muerte para todos:

1. «... el día que de él comiereis, ciertamente morirás» (Génesis 2:17).
2. «Y de la manera que está establecido para los hombres que mueran una sola vez, y después de esto el juicio» (Hebreos 9:27).
3. «No hay hombre que tenga potestad sobre el espíritu para retener el espíritu, ni potestad sobre el día de la muerte» (Eclesiastés 8:8).

APLICACIÓN: El ser humano quisiera hacer cualquier cosa por librarse de la sentencia de la muerte. Pero todo adelanto científico es infructuoso, quizá podamos demorar la muerte, pero no eludirla. Sólo los que vivan al tiempo del traslado de la Iglesia no gustarán la muerte.

Dijo Spurgeon: «En su día designado, todo hombre va a morir. La muerte no se deja sobornar, ni por las riquezas de los príncipes ni por las fuerzas de los valientes. Tienes que descender a la tumba, monarca, con todos tus cetros y coronas. Tienes que descender a la tumba, valeroso guerrero, con tu espada y tu corona. Polvo eres y al polvo serás tornado: esto vale para todo miembro de la raza» (Doce sermones sobre la resurrección, páginas 134 y 135).

II. La estima de la muerte del creyente.

1. «Estimada es a los ojos de Jehová la muerte de sus santos» (Salmo 116:15).
2. «Mucho me cuesta a los ojos de Yahveh la muerte de los que le aman» (BJ).

APLICACIÓN: La muerte de los creyentes es valorizada

ante los ojos de Dios. Aun para nosotros los ministros, nos es más fácil ministrar en el funeral de alguien que fue creyente, que en el funeral de uno que vivió apartado de Dios.

Dijo D. L. Moody: «¡No se puede enterrar el don de Dios; no puedes enterrar la vida eterna. Los que cavan tumbas en el mundo no pueden cavar una bastante grande para que pueda contener la vida eterna, y todos los fabricantes de ataúdes del mundo no pueden hacer un ataúd bastante grande para que quepa en él la vida eterna; es mía, es mía!» (El camino hacia el cielo, Editorial Clie, página 35).

III. La seguridad en la muerte para el creyente:

1. «Aunque ande en valle de sombra de muerte, no temeré mal alguno, porque tú estarás conmigo; tu vara y tu cayado me infundirán aliento» (Salmo 23:14).

2. «Porque este Dios es Dios nuestro eternamente y para siempre; Él nos guiará aun más allá de la muerte» (Salmo 48:14).

3. «... Mas el justo en su muerte tiene esperanza» (Salmo 14:32).

APLICACIÓN: Cuando alguien fallece, si le practican una autopsia le sacan el cerebro, el corazón, un pulmón y otras partes. Luego, en la casa funeraria, embalsaman el cadáver inyectándole en las arterias ciertas químicas desinfectantes y preservativas. Después de limpiar bien el cadáver, lo visten, lo peinan y le aplican cosméticos. Finalmente, después de haber sido visto por muchos, es su ataúd cerrado y montado en el coche fúnebre. En el cementerio se le hace la ceremonia usual y el ataúd es bajado y luego cubierto con tierra. Tal parece que ahí se acabó toda la seguridad y la esperanza. Para el creyente, la realidad de la vida eterna comienza desde que éste se convierte, y más allá de la muerte tiene seguridad.

IV. La recompensa en la resurrección para el creyente:

1. «Y después de deshecha ésta mi piel, en mi carne he de ver a Dios; lo veré por mí mismo, y mis ojos lo verán, y no otro...» (Job 19:26).
2. «No os asombréis de esto; porque va a llegar la hora en que todos los que están en los sepulcros oirán su voz; y los que hicieron lo bueno, saldrán a resurrección de vida...» (Juan 5:28, 29).
3. «... y los muertos serán resucitados incorruptibles, y nosotros seremos transformados» (1 Corintios 15:22).
4. «Destruirá a la muerte para siempre; y enjugará Jehová, el Señor, toda lágrima de todos los rostros...» (Isaías 25:8).

APLICACIÓN: La muerte no vencerá para siempre al creyente, pues llegará el día de la resurrección cuando el cuerpo que fue enterrado, volviendo el polvo al polvo, se levantará en la victoria. Del polvo se levantará un cuerpo incorruptible. La semilla que ha muerto y fue sembrada traerá a la luz una planta de vida hermosa.

CONCLUSIÓN: En una ocasión dijo Spurgeon, «Tienes que vivir bien para morir bien» (ob. cit. página 142). Sólo el que haya aprendido a vivir cerca del Señor estará preparado para la hora de la muerte. Querido creyente, vive para Cristo, el día llegará cuando la muerte nos invitará a salir con ella. Con el Señor a tu lado podrás decir como el salmista: «Aunque ande en valle de sombra de muerte, no temeré mal alguno, porque tú estarás conmigo.» Amén.

5

Las bienaventuranzas

LA POBREZA ESPIRITUAL

«Bienaventurados los pobres en espíritu, porque de ellos es el reino de los cielos» (Mateo 5:3).

INTRODUCCIÓN: En los días de Jesús, en Palestina habitaban muchos pobres, los mendigos deambulaban por las estrechas calles de Galilea y de Judá. Eran los judíos en su mayoría, víctimas de un poder político extranjero que los explotaba y oprimía (Roma). El pobre era desatendido por las estructuras religiosas en general. La religión necesitaba una renovación de su tradicionalismo y una liberación de su mal infundado prejuicio, racismo, sexismo y clasismo. Pero no fue a estos pobres que Jesús pronunció esta bienaventuranza. Él la dirigió a sus discípulos, a aquellos que tenían que vivir en una necesidad continua de Dios.

I.   Es bienaventurado el que reconoce su pobreza espiritual:

   1.   Sansón no reconoció su pobreza espiritual: «... Pero él no sabía que Jehová ya se había apartado de él» (Jueces 16:20).
   2.   El rico insensato nunca aceptó su pobreza espiritual: «... Alma, muchos bienes tienes guardados para muchos años; repósate, come, bebe, regocíjate» (Lucas 12:19).

   A.   Este rico no proveyó para su alma.

B. No se preparó espiritualmente para su muerte.

C. Dios le llamó, «Necio» (Lucas 12:20).

3. La Iglesia de Laodicea no veía su pobreza espiritual: «... Yo soy rico, y me he enriquecido, y de ninguna cosa tengo necesidad» (Apocalipsis 3:17).

A. Ante este orgullo, el Señor le responde: «Y no sabes que tú eres un desventurado, miserable, pobre, ciego y desnudo» (Apocalipsis 3:17).

B. Era una congregación de necesidades espirituales, pero lo negaba.

II. Es bienaventurado el pobre espiritual que busca la ayuda del Señor:

1. La palabra griega para «pobres» es «ptocos» y se emplea 34 veces en los originales. Con la excepción de Mateo 5:3 que se emplea en un sentido espiritual, todas las demás veces describe una pobreza material.

A. El Señor desea que los pobres espiritualmente se puedan comparar con los pobres materialmente.

B. El pobre espiritual es uno que identifica sus necesidades espirituales y busca la ayuda del Señor.

2. El reconocer nuestra pobreza espiritual, es admitir nuestra insuficiencia humana, psicológica, social y religiosa.

A. Somos insuficientes para ayudarnos a nosotros mismos.

B. Necesitamos que el Señor nos ayude a ser y a poseer lo que él quiere.

3. La Nueva Biblia Latinoamericana rinde en Mateo 5:3, «Felices los que tienen espíritu de pobre, porque de ellos es el reino de los cielos.»

4. Buscar la ayuda del Señor significa:

   A. Vaciarnos de nosotros mismos, para ser llenos del Señor.
   B. Confesar que nuestros pecados nos impiden progresar espiritualmente.

5. Las promesas divinas son el «Welfare» del creyente:

   A. «Mi Dios, pues, suplirá todo lo que os falta conforme a sus riquezas en gloria en Cristo Jesús» (Filipenses 4:19).
   B. «No se turbe vuestro corazón, creéis en Dios, creed también en mí» (Juan 14:1).

III. Es bienaventurado el pobre espiritual con la promesa del «reino de los cielos»:

1. Billy Graham dijo: «El cielo en esta vida y en la venidera, no se consigue mediante transacciones comerciales... Solamente los que son pobres en espíritu y ricos para con Dios, serán tenidos por dignos de entrar allá» (El secreto de la felicidad, página 29).

2. Este «reino de los cielos» es una promesa posesiva, «porque de ellos es». No es para otros sino para los creyentes.

3. Es un reino tanto para el presente como para el futuro. No dijo el Señor «será», Él dijo «es».

4. Dondequiera que Jesús se manifiesta, ahí está su reino. El corazón de los creyentes es el trono desde el cual Jesús ejerce su reinado.

5. La pobreza espiritual garantiza la riqueza eterna en el reino que jamás tendrá fin.

CONCLUSIÓN: Bienaventurados somos cuando reconocemos que dependemos de Dios, aceptando nuestra pobreza espiritual, y dejamos que su reino se actualice en nosotros y por medio de nosotros. Amén.

EL LLORO
QUE RECIBE CONSOLACIÓN

«Bienaventurados los que lloran, porque ellos recibirán consolación» (Mateo 5:4).

INTRODUCCIÓN: En esta segunda bienaventuranza, el Señor presenta una paradoja de felicidad y tristeza, de consolación y llanto. Es dirigida a los creyentes que buscan la felicidad espiritual, aun cercados por las pruebas, el sufrimiento y las fragilidades de la vida. La promesa divina para el creyente es consuelo. Al reflexionar en esta bienaventuranza, tres clases de lloro han venido a mi mente:

I.   El lloro de un alma arrepentida:

1.   El alma sólo hallará descanso y felicidad en Dios.
2.   Un alma llora delante de Dios cuando confiesa sus pecados y busca el perdón divino.
3.   Cuando se llora por la insuficiencia humana, Jesús es la fuente inagotable de amor.

   A.   Él ve en el pecador no lo que éste es, sino lo que puede llegar a ser.
   B.   Él se hace sustituto del pecador, si éste así lo desea.
   C.   Él no sólo levanta al hombre de su condición caída, sino que le restaura a nueva vida (2 Corintios 5:17).

II. El lloro del creyente por las aflicciones espirituales:

1. La palabra griega para «llorar» es «phenteo». Se emplea 10 veces en los originales. La mayoría de las veces se traduce como «lamentad, lamentan, lamentando y lamentaréis». Se habla más bien de un «lamento» que de un lloro literal.
2. Aunque el creyente se lamente por lo que no comprenda, Dios le consolará.
3. La presencia divina produce consuelo espiritual.
4. La Biblia le testifica al creyente que éste le sirve a un Dios Consolador.

   A. «El cual nos *consuela* en todas nuestras tribulaciones, para que podamos también nosotros *consolar* a los que están en cualquier tribulación, por medio de la *consolación* con que nosotros somos *consolados* por Dios» (2 Corintios 1:4).
   B. «Bendito sea el Dios y Padre de nuestro Señor Jesucristo, Padre de misericordia y Dios de toda consolación» (2 Corintios 1:3).
   C. «Enjugará Dios toda lágrima de los ojos de ellos; y ya no habrá muerte, ni habrá más llanto, ni clamor, ni dolor; porque las primeras cosas pasaron» (Apocalipsis 21:4).

5. El Espíritu Santo es el «Consolador» de la iglesia.

   A. «Y yo rogaré al Padre, y os dará otro Consolador, para que esté con vosotros para siempre» (Juan 14:16).
   B. «Mas el Consolador, el Espíritu Santo, a quien el Padre enviará en mi nombre, él os enseñará todas las cosas, y os recordará todo lo que yo os he dicho» (Juan 14:26).

III. El lloro de un cristiano compasivo:

1. La proclamación del evangelio debe ser redentiva y social.
2. Billy Graham ha dicho: «Nuestra compasión para con los demás es el manómetro exacto de nuestra devoción a Dios.»
3. La iglesia tiene que ser «luz» y «sal» para el «mundo».
4. El cristiano le revela a Cristo al pecador en su compasión.

CONCLUSIÓN: Permítale a Dios que lo consuele en medio de todos los reveses de la vida. Por más difícil que se le haga transitar en el camino del lloro y la lamentación, el Señor Jesús le acompañará dándole su consuelo. Amén.

LA DICHA DE SER MANSOS

«Bienaventurados los mansos, porque ellos recibirán la tierra por heredad» (Mateo 5:5).

INTRODUCCIÓN: La palabra «manso» se cita cuatro veces en el original griego (Mateo 5:5; 11:29; 21:5; 1 Pedro 3:4) como «praus». Por su parte «mansedumbre» se traduce de la palabra «prautes» que se emplea once veces. Su connotación en el griego, según William Barclay «describe la humildad, la aceptación de la necesidad de aprender y de la necesidad de ser perdonados. Describe la única actitud posible del hombre hacia Dios».

Esta tercera bienaventuranza tiene su contexto de referencia en el Salmo 37:11, «Pero los mansos heredarán la tierra, y se recrearán con abundancia de paz.»

I.   La mansedumbre fue algo característico en Cristo:

1.   Él dijo que era manso:

A.   «Llevad mi yugo sobre vosotros, y aprended de mí que soy manso y humilde de corazón; y hallaréis descanso para vuestras almas» (Mateo 11:29).

2.   Pablo enseñó que Jesús era manso:

A.   «Yo, Pablo, os ruego por la mansedumbre y ternura de Cristo...» (2 Corintios 10:1).

3. El Señor fue manso ante el necesitado, en presencia de sus enemigos y en la hora del sacrificio redentor.

II. La mansedumbre es característica de la nueva criatura:

1. Éste se viste de ella.

   A. «Vestíos, pues, como escogidos de Dios, santos y amados, de entrañable misericordia, de benignidad, de humildad, de mansedumbre, de paciencia» (Colosenses 3:12).

2. Éste la revela en su conducta.

   A. «¿Quién es sabio y entendido entre vosotros? Muestre por la buena conducta sus obras en sabia mansedumbre» (Santiago 3:13).

3. Éste la emplea en su modo de tratar.

   A. «Que a nadie difamen, que no sean pendencieros, sino amables, mostrando mansedumbre para con todos los hombres» (Tito 3:2).

4. Éste apela a ella para restaurar a otros.

   A. «Hermanos, si alguno fuere sorprendido en alguna falta, vosotros que sois espirituales, restauradle con espíritu de mansedumbre, considerándote a ti mismo, no sea que tú también seas tentado» (Gálatas 6:1).

5. Éste la manifiesta como un fruto del Espíritu.

   A. «Mas el fruto del Espíritu es amor, gozo, paz,

paciencia, benignidad, bondad, fe, mansedumbre, templanza...» (Gálatas 5:22, 23).

III. La mansedumbre no es:

1. Someterse a Dios como si éste fuera un autócrata que nos privara de nuestro libre albedrío.
2. Asumir una actitud de debilidad, cuando nuestra participación activa es necesaria.
3. Haber nacido tímidos o con un temperamento apacible.
4. Ser neutrales cuando nuestro voto debe ser «sí» o «no».

IV. La mansedumbre es:

1. Según Aristóteles, el hombre manso es aquel que no opta por acciones extremas.
2. Dominar las emociones y no que éstas nos dominen a nosotros.
3. Vivir en obediencia al Señor Jesucristo.
4. Conforme a Billy Graham, la mansedumbre abarca cuatro términos: bondad, sometimiento positivo, amansamiento, indulgencia y paciencia.

CONCLUSIÓN: La promesa de «la tierra por heredad» que se le hace a los mansos, es escatológica, describe tanto la tierra milenial como el estado eterno de los redimidos en la tierra purificada por fuego y transformada. Seamos mansos y esa promesa nos alcanzará. Amén.

LA JUSTICIA QUE ES SACIADA

«Bienaventurados los que tienen hambre y sed de justicia, porque ellos serán saciados» (Mateo 5:6).

INTRODUCCIÓN: En los días de Jesús, en Palestina y en otros lugares, el hambre y la sed eran cosas rutinarias. Sobre el plano de estas necesidades fisiológicas, el Señor reflexiona sobre una necesidad social y espiritual, es decir, el hambre y la sed de justicia. La injusticia con todos sus apellidos sociales, racismo, discriminación, abusos, explotación, es algo característico en todas las culturas y sociedades.

I. La justicia humana:

1. El bienestar ajeno es un deber humano.
2. El defender la causa ajena es un compromiso moral.
3. La injusticia tiene que ser condenada, venga de quien venga.
4. El verdadero cristiano no puede adorar a Dios felizmente mientras su vecino sufre injusticias.
5. Esta justicia humana fue llamada por Malcolm X como «los derechos humanos».

II. La justicia social:

1. Para muchos cristianos ciegos, hablar de «justicia social» es ser simpatizante del comunismo.

2. Para Dios no existen las clases sociales.
3. En la iglesia de Cristo los hombres son respetados por sus dones y no por los logros académicos o sociales.
4. Esta justicia social fue llamada por Martin Luther King, Jr. como «los derechos civiles».
5. Tristemente, muchos creyentes practican una teología de «comodidad» y «conformismo» social. Ésa no fue la teología de Cristo.

III. La justicia divina:

1. Esa justicia que viene de Dios y es de Dios es la justicia total.
2. Toda otra justicia, sea humana o social, es parcial en sus implicaciones.
3. La justicia divina produce paz al alma (Romanos 5:1).
4. Sólo los creyentes en Cristo Jesús pueden ser justos.

   A. La justificación es la primera obra de gracia.
   B. La santificación es la segunda obra de gracia.

5. El creyente ha sido justificado no por lo que éste es o pueda hacer, sino por lo que Cristo ya hizo.
6. El sacrificio de Jesús enmendó la justicia del Padre.
7. El creyente puede perder su apetito por esta clase de justicia.

   A. Al sentirse satisfecho con lo que es y lo que ha logrado (Apocalipsis 3:17).
   B. Al ocultar pecados en su corazón.
   C. Al entregarse a los placeres de este mundo (2 Timoteo 4:10).
   D. Al descuidar su salud espiritual.

CONCLUSIÓN: Tan solo en Dios el alma hambrienta y sedienta será satisfecha. Por eso dijo el salmista David: «Como el ciervo brama por las corrientes de las aguas, así clama por ti, oh Dios, el alma mía» (Salmo 42:1). Amén.

LA DICHA
DE SER MISERICORDIOSOS

«Bienaventurados los misericordiosos, porque ellos alcanzarán misericordia» (Mateo 5:7).

INTRODUCCIÓN: William Barclay se refiere a esta bienaventuranza como: «La bienaventuranza de la perfecta simpatía.» Según él, esta bienaventuranza significa «experimentar algo en total identificación con otra persona, pasar por lo mismo que esa otra persona está pasando».

I.   Esta bienaventuranza es rendida en otras versiones bíblicas:

1. «Dichosos los que prestan ayuda, porque esos van a recibir ayuda» (NBE).
2. «Felices los compasivos, porque obtendrán misericordia» (NBL).
3. «Dichosos los que tienen compasión de otros, pues Dios tendrá compasión de ellos» (DHH).

II. El significado de «misericordiosos»:

1. En el original griego se lee «eleemones», término que procede de la raíz griega «eleeos». Se encierra la acción de tener compasión y de ayudar a los necesitados.

2. Los misericordiosos están siempre prestos a responder a la necesidad de su prójimo.
3. Los misericordiosos se distinguen por un carácter:

   A. Bondadoso y bien entendido.
   B. Tolerante y perdonador.
   C. Desprendido y auxiliador.

III. La manera como Jesús ilustró la acción de la misericordia:

1. La parábola del buen samaritano (Lucas 10:30-37).

   A. El intérprete de la ley hizo dos preguntas a Jesús: «¿Haciendo qué cosa heredaré la vida eterna?... Y ¿quién es mi prójimo?» (versos 25 y 29).
   B. Jesús le responde a su última pregunta con la parábola del buen samaritano; que se le puede llamar la parábola de la misericordia.
   C. El buen samaritano «fue movido a misericordia» (verso 33) cuando se convirtió en «prójimo del que cayó en manos de ladrones» (verso 36).

2. La parábola de los dos deudores (Mateo 18:23-35).

   A. El siervo que debía «diez mil talentos» (millones, NBE) a su señor fue exonerado de su deuda: «El señor de aquel siervo, movido a misericordia, le soltó y le perdonó la deuda» (verso 27).
   B. Este siervo perdonado, no perdonó a su consiervo «que le debía cien denarios» (algún dinero, NBE). Dice el texto: «y asiendo de él, le ahogaba, diciendo: Págame lo que me debe» (verso 28).

C. Su señor llamó al siervo y le reprochó diciendo: «Siervo malvado, toda aquella deuda te perdoné, porque me rogaste. ¿No debías tú también tener misericordia de tu consiervo, como yo tuve misericordia de ti?» (versos 32 y 33).

D. Por no ser el siervo misericordioso con su consiervo no alcanzó misericordia.

E. La verdadera misericordia perdona. En la oración modelo del Padre Nuestro leemos: «Y perdónanos nuestras deudas, como también nosotros perdonamos a nuestros deudores» (Mateo 6:12).

CONCLUSIÓN: «Para ser merecedores de la misericordia divina, debemos practicar la misericordia humana; si no podemos hacerla como pensamos que Dios la hace, podemos realizarla de acuerdo a nuestras posibilidades y así aliviar tantas amarguras humanas, porque Dios sólo toma en cuenta si lo que pudimos hacer lo hicimos o no» (Daniel P. Monti).

EL REQUISITO PARA VER A DIOS

«Bienaventurados los de limpio corazón, porque ellos verán a Dios» (Mateo 5:8).

INTRODUCCIÓN: La palabra griega que se traduce por limpio en esta sexta bienaventuranza es «katharos». La misma se emplea 26 veces en el Nuevo Testamento griego. Significa limpiar o purificar, no es una limpieza superficial sino completa. El contexto de esta bienaventuranza está en el Salmo 24:4, «El limpio de manos y puro de corazón...»

I. El corazón es el centro de la personalidad humana:

1. Con el corazón se cree (Romanos 10:10).
2. Con el corazón se piensa (Marcos 7:21).
3. Con el corazón se toman decisiones (Salmo 57:7).
4. Con el corazón se siente (Génesis 45:26; Salmo 25:17).
5. Con el corazón se aborrece (Levítico 19:17).
6. Con el corazón se medita (Salmo 4:4).
7. Con el corazón se pide (Salmo 37:4).
8. Con el corazón se alaba a Dios (Salmo 9:1).
9. Con el corazón se busca la sabiduría (Eclesiastés 1:16-17).

II. El corazón limpio es aquel que:

1. Agrada a Dios.

103

2. Busca el bien del prójimo.
3. Huye de las tentaciones.
4. Se somete al gobierno divino.

III. El creyente limpia su corazón con:

1. La sangre de Cristo (1 Juan 1:7).
2. Las palabra de Dios (Juan 15:3).
3. El Espíritu Santo (2 Corintios 3:18).
4. La gracia divina (Tito 3:7).
5. Las promesas eternas (2 Pedro 1:4).
6. La oración (1 Timoteo 4:5).

IV. El corazón limpio significa:

1. Una mente pura (Filipenses 4:8).

   A. En la imaginación (Génesis 6:5).
   B. En la mirada (2 Pedro 2:14).

2. Un cuerpo puro (1 Corintios 6:20).

   A. En las conversaciones (Salmo 141:3).
   B. En el vestir (1 Pedro 3:3, 4).
   C. En la castidad (1 Tesalonicenses 4:3).
   D. En la limpieza física (Efesios 5:29).

3. Una conducta pura (Efesios 4:25).

   A. Seamos veraces (Efesios 4:25).
   B. Seamos honrados (2 Corintios 8:21).

CONCLUSIÓN: William Barclay parafrasea esta bienaventuranza: «Bienaventurado es el hombre cuyas motivaciones son siempre íntegras y sin mezcla de mal alguno, porque éste es el hombre que verá a Dios.» Amén.

UN MINISTERIO DE PACIFICACIÓN

«Bienaventurados los pacificadores, porque ellos serán llamados hijos de Dios» (Mateo 5:9).

INTRODUCCIÓN: El mundo opina que la felicidad es de los listos, los agresivos, los que toman ventajas sobre otros, los decididos. Cristo, por su parte, declara «Bienaventurados los pacificadores...»

I.   «Bienaventurados los pacificadores...»

    1.   Ser «pacificadores» es más que ser pacíficos.

    2.   La palabra griega para «pacificadores» es «eirenopoios». Se emplea una sola vez en los originales y es en esta bienaventuranza.

        A.   La palabra «paz» se lee en griego «eirene»; empleándose 92 veces en el Nuevo Testamento.

        B.   Por su parte «poios» viene de «poieo» que significa literalmente hacer, llevar o ejercer.

        C.   El pacificador es aquel que hace, lleva y ejerce la paz.

    3.   Algunas versiones de la Biblia rinden esta bienaventuranza:

        A.   «Bienaventurados los que trabajan por la paz...» (BJ).

B. «Dichosos los que procuran la paz...» (DHH).
C. «Dichosos los que luchan por la paz...» (NVI).

4. Jesús es el modelo perfecto de un pacificador.

A. Su nacimiento produjo paz, «... y a la tierra paz...» (Lucas 2:14).
B. Su ministerio fue de paz, «La paz os dejo, mi paz os doy; yo no os la doy como el mundo la da. No se turbe vuestro corazón, ni tenga miedo» (Juan 14:27).
C. Su resurrección fue para dar paz, «... vino Jesús, y puesto en medio, les dijo: Paz a vosotros» (Juan 20:21).

5. Para ser pacificadores se necesita:

A. Gozar de paz interior, «Y la paz de Dios gobierne en vuestros corazones...» (Colosenses 3:15).
B. Estar en paz con Dios, «Justificados, pues, por la fe, tenemos paz para con Dios por medio de nuestro Señor Jesucristo» (Romanos 5:1).
C. Practicar la fe con otros, «Si es posible, en cuanto dependa de vosotros, estad en paz con todos los hombres» (Romanos 12:18).
D. Dejar que el Espíritu Santo produzca ese fruto en nosotros, «Mas el fruto del Espíritu es... paz...» (Gálatas 5:22).

6. El creyente debe ser un pacificador en:

A. Su hogar y con su familia.
B. Su trabajo y con sus compañeros.
C. Su iglesia y con los demás hermanos en la fe.
D. La comunidad y con los vecinos.

II. «porque ellos serán llamados hijos de Dios».

1. La paz es uno de los atributos de Dios.

   A. «Y la paz de Dios, que sobrepasa todo entendimiento, guardará vuestros corazones y vuestros pensamientos en Cristo Jesús» (Filipenses 4:7).
   B. «Pues Dios no es Dios de confusión, sino de paz...» (1 Corintios 14:33).

2. Ser un hijo de Dios es uno de los más grandes privilegios humanos.

   A. Muchos son hijos de Dios por creación.
   B. Algunos se sienten ser hijos de Dios por la religión.
   C. Otros creen que son hijos de Dios por ser buenos.
   D. Están los que piensan que son hijos de Dios por regeneración (Juan 1:12; 3:5).

3. El verdadero hijo de Dios goza de privilegios y derechos:

   A. El privilegio de la oración.
   B. El derecho a ser bendecido.
   C. El privilegio de ser un ciudadano celestial.
   D. El derecho de reinar con Cristo sobre esta tierra.
   E. El privilegio de tener el Espíritu Santo.
   F. El derecho de tener escrito su nombre en el libro de la vida.

CONCLUSIÓN: Dijo el gran líder de la India Mahatma Gandhi: «Yo soy hombre de paz, yo creo en la paz. Pero no quiero la paz a cualquier precio; no quiero la paz de una piedra ni la de una tumba. Quiero la paz que se encuentra en el pecho humano expuesto a las saetas de todo el mundo, pero que se siente protegido de todo daño por el poder de Dios todopoderoso.»

LA RECOMPENSA DE SER PERSEGUIDO

«Bienaventurados los que padecen persecución por causa de la justicia, porque de ellos es el reino de los cielos» (Mateo 5:10).

INTRODUCCIÓN: El verdadero cristiano está expuesto a sufrir físicamente, emocionalmente, financieramente y espiritualmente por su fe. El cristiano gana amigos... pero también hace enemigos. El cristiano es aquel que sigue a Cristo, sirve a Cristo y sufre por Cristo.

I.   La persecución señalada en el Nuevo Testamento:

    1.   «Y también todos los que quieren vivir piadosamente en Cristo Jesús padecerán persecución» (2 Timoteo 3:12).

    2.   «Mas también si alguna cosa padecéis por causa de la justicia, bienaventurados sois. Por tanto, no os amedrentéis por temor de ellos, ni os conturbéis» (1 Pedro 3:14).

    3.   «Bendecid a los que os persiguen; bendecid, y no maldigáis» (Romanos 12:14).

II.   Los creyentes son perseguidos:

    1.   Porque son extranjeros en este mundo.

«Amados, yo os ruego como extranjeros y peregrinos que os abstengáis de los deseos carnales que batallan contra el alma» (1 Pedro 2:11).

2. Porque son ciudadanos del cielo.

«Mas nuestra ciudadanía está en los cielos, de donde también esperamos al Salvador, al Señor Jesucristo» (Filipenses 3:20).

3. Porque son inversionistas del cielo.

«... haceos tesoros en el cielo... Porque donde esté vuestro tesoro, allí estará también vuestro corazón» (Mateo 6:19-21).

4. Porque esperan mudarse al cielo.

«... teniendo deseo de partir y estar con Cristo, lo cual es muchísimo mejor» (Filipenses 1:23).

III. Los instrumentos de la persecución:

1. La familia.
2. Los amigos.
3. Los grupos religiosos.
4. Los poderes políticos.
5. Los principados y potestades.

IV. Algunos cristianos son perseguidos por causa de:

1. Su mal genio.
2. Su entrometimiento.
3. Sus escándalos.
4. Su fanatismo.
5. Su ignorancia.
6. Sus complejos.

V. Ser perseguido por causa de la justicia significa:

1. Estar comprometido con Cristo.
2. No adorar la «estatua de oro» de los poderes políticos (Daniel 3:17, 18).
3. No comprometer nuestras convicciones por el trabajo que realicemos (Daniel 6:7, 10).
4. No llamar a César «Kyrios» (Señor). Sólo Cristo es el Kyrios.

CONCLUSIÓN: «Porque si en el árbol verde hacen estas cosas», dijo Jesús, «en el seco, ¿qué se hará?» (Lucas 23:31).

LA BIENAVENTURANZA
DEL VITUPERIO

«Bienaventurados sois cuando por mi causa os vituperen y os persigan, y digan toda clase de mal contra vosotros, mintiendo» (Mateo 5:11).

INTRODUCCIÓN: Para muchos comentaristas esta bienaventuranza y la anterior (Mateo 5:10) son una sola. Es decir, lo relatado en el versículo 11 es una extensión del versículo 10. El tema de ambos pasajes bíblicos es la persecución. La diferencia está en que en el verso 10, los creyentes son perseguidos «por causa de la justicia»; y en el verso 11 «por mi causa». Prefiero verlas como dos bienaventuranzas separadas, aunque unidas por un tema.

I. ¿Cómo se rinde esta bienaventuranza en otras versiones?

    1. «Dichosos ustedes, cuando la gente los insulte y los maltrate y cuando por causa mía los ataquen con toda clase de mentiras» (VP).

    2. «Dichosos ustedes cuando los insulten, los persigan y los calumnien de cualquier modo por causa mía» (NBE).

II. ¿De qué manera se puede definir el término «vituperen»?

    1. En el griego se lee «oneidizo» y se emplea 9 veces.

2. Este término aparece en Marcos 15:32, «También los que estaban crucificados con él le injuriaban.»
3. Significa: reprochar, insultar e injuriar.

III. ¿Dónde encontramos el contexto bíblico de esta bienaventuranza?

1. «Bienaventurados seréis cuando los hombres os aborrezcan, y cuando os aparten de sí, y os vituperen, y desechen vuestro nombre como malo, por causa del Hijo del Hombre» (Lucas 6:22).

   A. El creyente será aborrecido.
   B. El creyente será considerado malo.
   C. El creyente será rechazado.

2. «Si sois vituperados por el nombre de Cristo, sois bienaventurados, porque el glorioso Espíritu de Dios reposa sobre vosotros. Ciertamente de parte de ellos, él es blasfemado, pero por vosotros es glorificado» (1 Pedro 4:14).

   A. El creyente vituperado es fortalecido por el Espíritu Santo.
   B. El que vitupera a un cristiano blasfema contra Dios.
   C. El creyente en su vituperio debe glorificar a Cristo.

IV. ¿De qué manera el creyente puede ser vituperado?

1. Por la burla,

   «Y el pueblo estaba mirando; y aun los gobernantes se burlaban de él, diciendo: A otros salvó; sálvese a sí mismo, si éste es el Cristo, el escogido de Dios» (Lucas 23:35).

2. Por el abuso físico,

«Y escupiéndole, tomaban la caña y le golpeaban en la cabeza» (Mateo 27:30).

3. Por el falso testimonio,

«Porque muchos decían falso testimonio contra él, mas sus testimonios no concordaban» (Marcos 14:56).

4. Por el abuso verbal,

«Y algunos comenzaron a escupirle, y a cubrirle el rostro y a darle de puñetazos, y a decirle: Profetiza. Y los alguaciles le daban de bofetadas» (Marcos 14:65).

5. Por el menosprecio,

«Entonces Herodes con sus soldados le menospreció y escarneció, vistiéndole de una ropa espléndida...» (Lucas 23:11).

6. Por el despojo,

«Y desnudándole, le echaron encima un manto escarlata» (Mateo 27:28).

CONCLUSIÓN: Pedro dijo: «Ninguno de vosotros padezca como homicida o ladrón, o malhechor, o por entremeterse en lo ajeno; pero si alguno padece como cristiano, no se avergüence, sino glorifique a Dios por ello» (1 Pedro 4:15-16).

6

Las experiencias en la vida de Sansón

LA QUIJADA DE ASNO

«Y hallando una quijada de asno fresca aún, extendió la mano y la tomó, y mató con ella a mil hombres. Entonces Sansón dijo: Con la quijada de un asno, un montón, dos montones; con la quijada de un asno maté a mil hombres. Y acabando de hablar, arrojó de su mano la quijada, y llamó a aquel lugar Ramat-lehi» (Jueces 15:15-17).

INTRODUCCIÓN: Cuando Dios quiere hacer un milagro no necesita cosas grandes. Por medio de cosas pequeñas Él se ha glorificado, demostrando que es Dios, y que fuera de él no hay otro. En la Biblia abundan los ejemplos que comprueban esta verdad: Moisés usó la vara y las aguas del Mar Rojo se dividieron (Éxodo 14:15, 16, 21); David con una honda venció al gigante Goliat (1 Samuel 17:49); los cinco panes y los dos peces de un niño alimentaron a miles de personas (Juan 6:1-14); Sansón con una quijada de asno mató a mil filisteos. Dios nos ha dado como cristianos algunas «quijadas» que si las usamos tendremos siempre la victoria.

I.   La quijada representa poder espiritual:

   1.   *Poder que resiste*, «Resistid al diablo y de vosotros huirá» (Santiago 4:7).
   2.   *Poder para testificar*, «Y recibiréis poder y me seréis testigos...» (Hechos 1:8).
   3.   *Poder sobre las circunstancias*, «Porque no nos ha dado Dios espíritu de cobardía y de temor; sino

Espíritu de poder, de amor y de dominio propio»
(2 Timoteo 1:7).

II. La quijada representa el ayuno:

1. La oración combinada con el ayuno produce una fuente divina de poder en el creyente.
2. Satanás respeta al creyente que ayuna.
3. El ayuno sirve de abono para que en muchos creyentes se produzcan los frutos y los dones del Espíritu Santo.
4. El ayuno desarrolla los sentidos espirituales; pone a Dios de nuestra parte y nos permite conocer su voluntad.

III. La quijada representa la práctica de la oración:

1. La oración va más allá de ser un privilegio cristiano, es un deber:

   A. Pablo exhortó a los efesios, «Orando en todo tiempo con toda oración y súplica en el espíritu, y velando en ello con toda perseverançia y súplica por todos los santos» (Efesios 6:18).
   B. Pedro amonestó a los creyentes, «Mas el fin de todas las cosas se acerca; sed, pues, sobrios y velad en oración» (1 Pedro 4:7).
   C. Santiago enfatizó, «Confesaos vuestras ofensas unos a otros, y orad unos por otros, para que seáis sanados. La oración eficaz del justo puede mucho» (Santiago 5:16).

2. La oración fue el secreto de muchos de los gigantes de Dios:

   A. *El misionero Jorge Muller* durante 60 años oró

una hora diaria. De la oración dijo: «... vivo en el espíritu de oración; oro mientras estoy caminando, mientras estoy acostado y cuando me levanto» (Orlando Boyer, Biografías de grandes cristianos, página 15, 20).

B. *El evangelista Dwight Lyman Moody*, celebraba todos los mediodías un culto de adoración. Antes de comenzarlos, oraba una hora debajo de una escalera (Orlando Boyer, Biografías de grandes cristianos, página 132).

C. *El predicador Carlos Hadon Spurgeon*, explicó el secreto de su ministerio: «En la sala que está allí abajo hay 300 creyentes que saben orar. Todas las veces que yo predico, ellos se reúnen allí para sustentarme las manos, orando y suplicando ininterrumpidamente» (Orlando Boyer, ob. cit., páginas 103, 104).

D. *El misionero David Livingstone* murió el día 11 de Mayo de 1873. En la cabaña donde está viviendo pasó a estar con el Padre celestial, lo encontraron de rodillas en actitud de oración (Orlando Boyer, ob. cit., página 76).

3. La señora Catherine Marshall en su libro «Aventuras en la oración», clasifica la oración como sigue:

A. La oración es pedir.
B. La oración que reconoce su insuficiencia.
C. La oración que cristaliza los sueños.
D. La oración que espera.
E. La oración de renunciamiento.
F. La oración en secreto.
G. La oración que reclama bendición.
H. La oración de reivindicación.

CONCLUSIÓN: Ponga su fe en Dios, ore **y ayune** por el

poder espiritual en su vida. Según su fe así recibirá. No tenga fe en las derrotas, no crea en las dudas. Dios y usted hacen mayoría. Comience a usar esas tres quijadas que Dios ha puesto a su alcance. ¿Cuándo? Ahora mismo.

LAS PUERTAS DE GAZA

«Mas Sansón durmió hasta la medianoche; y a la medianoche se levantó, y tomando las puertas de la ciudad con sus dos pilares y su cerrojo, se las echó al hombro, y se fue y las subió a la cumbre del monte que está delante de Hebrón» (Jueces 16:3).

INTRODUCCIÓN: En la ciudad de Gaza, Sansón se allegó a una mujer ramera. Sus enemigos le cerraron las puertas de la ciudad, esperando darle muerte tan pronto amaneciese. El pecado de Sansón lo había aprisionado. Dios, mediante el poder divino le dio fuerzas a Sansón, lo libertó y le dio la victoria. No hay pecado grande que Dios no pueda perdonar, pero no hay pecado pequeño que libre del infierno.

I.   Las puertas cerradas, el aprisionamiento en el pecado:

1.   El pecado destruye los altos ideales humanos.
2.   El pecado empaña en el hombre la imagen divina del Creador.
3.   El pecado separa de Dios.
4.   El pecado aleja del cielo.
5.   El pecado conlleva castigo.
6.   El pecado aprisionará en el infierno para siempre.

II. Las puertas arrancadas, la liberación del pecado:

1.   El perdón divino está al alcance del pecador.

2. Sólo el sacrificio de Cristo puede anular los pecados en el hombre.
3. Dios imparte al creyente fuerza de voluntad sobre el pecado.
4. El creyente es libertado del pecado y de sus consecuencias.
5. La liberación del pecado sigue un proceso:

	El hombre		*Dios*
A.	Arrepentimiento	-	Justificación
B.	Conversión	-	Regeneración
C.	Consagración	-	Santificación

III. Las puertas cargadas, el poder sobre el pecado:

1. Por la sangre de Cristo, «... y la sangre de Jesucristo, su Hijo, nos limpia de todo pecado» (1 Juan 1:7).
2. Por el Espíritu Santo, «Pero cuando venga el Espíritu de verdad, él os guiará a toda la verdad; porque no hablará por su propia cuenta, sino que hablará todo lo que oyere, y os hará saber las cosas que habrán de venir» (Juan 16:13).
3. Por la palabra escrita, «Ya vosotros estáis limpios por la palabra que os he hablado» (Juan 15:3).

ILUSTRACIÓN: «Después, en mi sueño, vi a Cristiano ir por un camino resguardado a uno y otro lado por dos murallas llamadas salvación. Marchaba, sí, con mucha dificultad, por razón de la carga que llevaba en sus espaldas; pero marchaba apresurado y sin detenerse, hasta que lo vi llegar a una montaña en cuya cima había una cruz, y un poco más abajo un sepulcro. Al llegar a la cruz, instantáneamente la carga se soltó de sus hombros, y rodando fue a caer en el sepulcro, y ya no la vi más»

(Juan Bunyan, El peregrino)

PUESTOS BAJO ANESTESIA

«Y ella hizo que se durmiese sobre sus rodillas, y llamó a un hombre, quien le rapó las siete guedejas de su cabeza; y ella comenzó a afligirlo, pues su fuerza se apartó de él» (Jueces 16:19).

INTRODUCCIÓN: El diablo, por medio de Dalila, le aplicó anestesia espiritual a Sansón, y luego lo operó del poder que tenía. Cuando Sansón despertó era como cualquier otro hombre. Esas fuerzas sobrenaturales que Dios le había dado, se apartaron de él. Satanás todavía busca a muchos creyentes para anestesiarlos.

I.   El pecado anestesia:

1. *El pecado gusta*, «Y vio la mujer que el árbol era bueno para comer...» (Génesis 3:6).
2. *El pecado agrada*, «y que era agradable a los ojos...» (Génesis 3:6).
3. *El pecado tienta*, «y árbol codiciable para alcanzar la sabiduría...» (Génesis 3:6).
4. *El pecado seduce*, «y tomó de su fruto, y comió...» (Génesis 3:6).
5. *El pecado contagia*, «y dio también a su marido, el cual comió así como ella» (Génesis 3:6).

II. El mundo anestesia:

1. Nos quiere engañar.

2. Nos quiere apartar.
3. Nos quiere desanimar.

III. Las dudas anestesian:

1. Se oponen al carácter divino:

   A. Satanás dijo a Eva: «¿Conque Dios os ha dicho: No comáis de todo árbol del huerto?» (Génesis 3:1).
   B. Satanás dijo a Cristo: «Si eres Hijo de Dios, haz que estas piedras se conviertan en pan» (Mateo 4:3). «Si eres Hijo de Dios échate abajo...» (Mateo 4:6).
   C. Satanás quiere que el creyente dude de Dios y de lo que él es en Cristo.

2. Se oponen a las bendiciones de Dios:

   A. Rechazan los milagros.
   B. Rehúsan la sanidad divina.
   C. Resisten el bautismo en el Espíritu Santo.

3. Son enemigos de la fe:

   A. El creyente que duda no agrada a Dios (Hebreos 11:6).
   B. El creyente que duda cree en parte o nada de lo que Dios ha dicho.
   C. El creyente que duda no confiesa la fe.

ILUSTRACIÓN: El Dr. A. B. Simpson, famoso predicador y fundador de La Alianza Cristiana y Misionera, a la edad de treinta y ocho años había experimentado dos colapsos nerviosos y estaba sufriendo del corazón. Un doctor de fama le dijo que no viviría hasta los cuarenta años de edad.

Un viernes por la tarde, poco después de recibir esta noticia, el Dr. Simpson se negó a darle lugar a las dudas en su vida. En un bosque de pinos le expresó su fe a Dios creyendo que éste le podía sanar. Al poco tiempo subió una montaña de 900 metros. Los tres años que siguieron a su sanidad fueron de mucha actividad ministerial, predicó más de mil sermones y en una semana dirigía veinte servicios o más. En su ministerio produjo un raudal de sermones escritos y vivió hasta la edad de setenta y seis años. (Catherine Marshall, Aventuras en la oración, páginas 30-32).

CONCLUSIÓN: Querido creyente, el que está en ti es mayor que el que está en el mundo. Las tres anestesias favoritas del Diablo son: el pecado, el mundo y las dudas. Dios te da el antídoto para contrarrestar esas anestesias. Para el pecado te da la sangre de Cristo; para el mundo te da el Espíritu Santo; y en contra de las dudas te ofrece la Palabra, ésta es la que produce fe. No vivas una vida de derrota cuando Dios te quiere en victoria. Amén.

ATADOS A UN MOLINO

«... y le ataron con cadenas para que moliese en la cárcel»
(Jueces 16:21).

INTRODUCCIÓN: Los filisteos castigaron a Sansón con
el degradante trabajo de moler granos en la cárcel. Mucho
se ha discutido si el molino al cual fue atado Sansón era llamado giratorio o el que se usaba una maceta para moler en
un pilón (léase Mateo 24:41). Entre los hebreos la tarea de
moler grano era exclusiva de las mujeres. En otras culturas
era un trabajo que se delegaba a los esclavos. Sea cual fuera
el molino, siempre encontramos la misma verdad, Sansón fue
encadenado para que moliese en la cárcel. Quisiera reflexionar sobre tres molinos en los cuales están atados muchos
creyentes.

I.   El molino de los malos hábitos:

1.   El Diccionario Easa define hábito como: «costum-
     bre, tendencia a repetir un acto».
2.   El escritor Donal D. Schroeder define hábito como:
     «Un hábito es un patrón con el cual hemos nacido,
     como las reacciones que tienen muchas criaturas
     inferiores.»
3.   El hábito se forma o adquiere a medida que res-
     pondemos físicamente, mentalmente y emocional-
     mente a algo.
4.   Los hábitos se pueden revelar en:

A. El carácter.
B. La dieta alimenticia.
C. El apetito.
D. La postura y ademanes.

5. Muchos malos hábitos tienen encadenados a los seres humanos (el mal uso del alcohol, el fumar, el uso indebido del sexo, el hablar malo).

6. ¿Cómo ser libre de los malos hábitos?

A. Primero, debemos reconocer que los malos hábitos son dañinos.
B. Segundo, hay que cambiar un mal hábito por un buen hábito.
C. Tercero, hay que modificar nuestro comportamiento mediante valores positivos.
D. Cuarto, especialmente aquellos malos hábitos que son físicos necesitan ayuda profesional.

II. El molino de la irresponsabilidad:

1. La irresponsabilidad se hace evidente en todas las áreas de nuestros deberes (religión, educación, familia, trabajo, personal, etc.)

2. La irresponsabilidad no se hereda, se adquiere de la indisciplina y los malos hábitos.

3. Una persona irresponsable difícilmente alcanza metas serias en la vida, a saber:

A. Una buena educación.
B. Un trabajo estable y permanente.
C. Un matrimonio de éxito.
D. Un hogar feliz y con todas las comodidades.

4. La irresponsabilidad muchas veces es proyectada sobre otros.

A. Un padre irresponsable en su trabajo, proyecta en sus hijos irresponsabilidad en las tareas escolares.
B. Una madre descuidada en su aseo personal y en la limpieza de su vivienda, difícilmente puede esperar que su hija tenga arreglado su dormitorio.
C. Padres que no pagan a otros lo que deben, les enseñan a sus hijos a ser malos pagadores.
D. Un dirigente irresponsable, es de esperar que a los que dirige, muestre también irresponsabilidad.

5. ¿Cómo ser libre de la irresponsabilidad?

A. Primero, deje de excusarse por ser irresponsable.
B. Segundo, comience a desarrollar hábitos de responsabilidad.
C. Tercero, reconozca que la responsabilidad es un deber cristiano.

III. El molino de un carácter «enfermo»:

1. Por las inseguridades,

A. Las inseguridades le impiden a una persona compartir lo mejor de sí mismas con otros.
B. Las inseguridades producen temores y no aceptan retos.
C. Las inseguridades no le permiten a otros compartir sus capacidades y habilidades.
D. La victoria sobre las inseguridades está en descubrirlas y eliminarlas.

2. Por la falta de consideración a los demás,

A. En algún lugar leí: «Donde termina el derecho de mi prójimo, comienza el mío.»

B. En la parábola del buen samaritano (Lucas 10:25-37), el énfasis no está en ¿quién es mi prójimo?, sino ¿de quién soy yo el prójimo?

C. Un comentario que leí sobre esta parábola decía: «Los ladrones le dijeron al hombre herido: Lo tuyo es nuestro.» El sacerdote y el levita le dijeron: «Lo nuestro es nuestro.» El samaritano le expresó, «lo mío es tuyo». Los primeros fueron envidiosos, los segundos fueron egoístas, el tercero fue misericordioso.

D. El que no conoce la teología de la consideración no debe esperar que los demás aprendan a considerarlo.

E. La falta de consideración se elimina con el poder del Espíritu Santo.

3. Por la falta de autocontrol,

A. La falta de autocontrol nos hace decir y hacer lo que luego lamentamos.

B. En 2 Timoteo leemos: «Porque no nos ha dado Dios espíritu de cobardía, sino de poder, de amor y de dominio propio.»

C. Mediante la fe y el poder del Espíritu Santo podemos adueñarnos del poder que nos ayudará a autocontrolarnos.

CONCLUSIÓN: «Dios, concédeme serenidad para aceptar las cosas que no puedo cambiar, valor para cambiar aquellas que puedo, y sabiduría para reconocer la diferencia entre estas dos cosas.» (Aprenda de memoria este pensamiento, repítalo todos los días, verá que poco a poco las cadenas que lo atan al molino, caerán.)

 Restauración

EL PELO LE CRECÍA

«Y el cabello de su cabeza comenzó a crecer, después que fue rapado» (Jueces 16:22, RV).

«Pero el cabello no tardó en crecerle nuevamente» (BD).

INTRODUCCIÓN: A medida que Sansón se arrepentía de sus errores pecaminosos, y renovaba su voto de nazareo a Dios, el cabello de su cabeza le crecía. El diablo se descuidó con Sansón y dejó que su pelo le creciera. Lo que Satanás olvidó es que con el crecimiento del pelo, Dios le restauraba las fuerzas a Sansón. El Diablo siempre ha sido muy descuidado, Dios se ha sabido valer de esos descuidos para realizar sus planes. Este pasaje bíblico nos invita a formular algunas reflexiones.

I. El crecimiento del pelo es natural:

1. Estaba fuera del control de Sansón el que el pelo le creciera o no.
2. En la vida cristiana hay muchas cosas que son naturales del Espíritu Santo.

   A. La conducta espiritual (Romanos 8:13, 14; Gálatas 5:25).
   B. El fruto del Espíritu (Gálatas 5:22, 23).
   C. Los dones del Espíritu (Romanos 12:3-8; 1 Corintios 12:4-11; Efesios 4:11).

130

3. La fe es la base de todas las cosas naturales que deben ocurrir al creyente.

   A. Fe es seguridad, «Es, pues, la fe la certeza...» (Hebreos 11:1).
   B. Fe es expectación, «de lo que se espera...»
   C. Fe es aceptación, «la convicción de lo que no se ve».

II. El crecimiento del pelo es gradual:

   1. El pelo de Sansón no le podía crecer todo en un día.
   2. La vida cristiana es un proceso gradual de crecimiento.
   3. El termómetro no sube o baja grados a su antojo. El creyente sólo crecerá en la medida que se lo permita Dios.

III. El crecimiento del pelo es uniforme:

   1. El pelo le crecía a Sansón parejo.
   2. El creyente crecerá en todas las dimensiones, tanto espirituales como psicológicas y sociales.
   3. Muchos creyentes en su crecimiento descuidan algunas áreas a expensas de otras.

      A. Leen mucho la Biblia, pero oran poco o viceversa.
      B. Se sienten agradecidos por su salvación, pero no le testifican a otros.
      C. Les gustan los cultos locales de la iglesia, pero no le gusta confraternizar con otras congregaciones.
      D. ¿En qué área de tu vida has dejado de crecer? ¿Por qué?

131

ILUSTRACIÓN: El evangelista Moody cuenta que cuando comenzó a predicar, nadie entre los adultos gustaba de escucharlo. Él sabía que los aburría. Decidió buscar dieciocho niños en el vecindario, y los traía a la Escuela Dominical, donde les daba clases.

Él mismo dice: «Y si valgo algo para la Iglesia cristiana, se debe más a ese trabajo que a ningún otro. No era capaz de explicar difíciles pasajes de las Escrituras, pues yo mismo no los entendía. Pero les podía contar los relatos bíblicos y decirles que Cristo les amaba y que murió por ellos. Hice lo mejor que pude. Usé el pequeño talento que tenía, y Dios me bendijo» (D. L. Moody, Doscientas anécdotas e ilustraciones.)

7

Las zorras pequeñas

LAS ZORRAS PEQUEÑAS
EN EL MATRIMONIO

«Cazadnos las zorras, las zorras pequeñas, que echan a perder las viñas; porque nuestras viñas están en cierne» (Cantares 2:15).

INTRODUCCIÓN: El matrimonio se puede comparar a una viña. Las vides en la viña están expuestas al ataque de las zorras. Las zorras grandes buscan el fruto de la vid. Las zorras pequeñas hacen daño a toda la vid. En el matrimonio hay pequeños detalles y situaciones que parecen insignificantes pero si no se cazan a tiempo destruyen la vid.

I.   La zorra pequeña, «No me puedo comunicar con mi cónyuge.»

1.   La falta de comunicación es la pared invisible que más separados tiene a los matrimonios.
2.   El problema radica en que no se comunica correctamente o que el cónyuge no escucha correctamente.
3.   La comunicación efectiva tiene que ser afectiva.

  A.   Una comunicación verbal y no verbal.
  B.   Una comunicación emocional e intelectual.

4.   La comunicación es afectada por:

A. El lugar.
B. El tiempo.
C. Las circunstancias.

5. Para lograr una comunicación exitosa ambos cónyuges necesitan:

A. Admitir la realidad de la misma.
B. Poner cada uno de su parte en lograr la misma.
C. Recurrir a una tercera persona por consejo.

II. La zorra pequeña, «Los celos me dominan.»

1. Una persona celosa tiene temor de que su cónyuge le vaya a ser infiel o de que alguna tercera persona le seduzca o se lo quite.
2. Los celos nacen de la inseguridad personal.

A. Falta de autoestima.
B. Falta de autoaceptación.
C. Falta de autoconfianza.

3. Los celos son la carretera a la envidia.

A. El que recela de su cónyuge, envidia a su oponente sea éste ficticio o real.
B. Literalmente, la envidia es desear no lo que puedo tener, sino lo que tiene mi prójimo.
C. El envidioso si no logra su propósito odia, aborrece y busca la venganza.

4. La zorra de los celos echa a perder la vid del amor.

A. La persona celosa debe admitirlo.
B. Luego debe confesar a Dios su espíritu celoso.
C. Finalmente, cada vez que un pensamiento de

celos le asalte, tiene que reprenderlo y confesar victoria.

III. La zorra pequeña, «Tengo mal genio.»

1. Pare ya de decir que tiene mal genio y empiece a
   desarrollar autocontrol.
2. El mal genio es el peor enemigo que el ser humano
   puede tener.
3. El mal genio causa:

   A. La pérdida de amistades.
   B. El autoaislamiento.
   C. Relaciones ficticias.
   D. Errores que perjudican.

4. Cada vez que el mal genio le quiera controlar:

   A. No lo exprese.
   B. Órele al Señor por ayuda.
   C. Llévele la contraria.
   D. No le dé lugar al coraje.

IV. La zorra pequeña, «No puede expresar cariño.»

1. El amor no sólo se siente, se tiene que expresar.
2. El lenguaje romántico es un vehículo de las buenas
   relaciones conyugales.
3. El libro "El Cantar de los Cantares" enseña cuán
   necesario es el arte de expresar cariño al cónyuge.
4. Decir «la amo» es diferente a decirle «yo te amo».
5. No se siente a esperar para que su cónyuge le diga
   que le ama, expréselo usted a él/ella.
6. Las relaciones sexuales son una manera de expresar amor, pero no lo único.

EJERCICIO: ¿Qué es para usted el cónyuge ideal? ¿Qué

137

opina sobre los celos? ¿Cómo explicaría el mal genio y cuál sería su cura? ¿Qué entiende usted por «falta de comunicación conyugal»? ¿Si usted pudiera cambiar algo en su cónyuge, qué cambiaría? ¿Si su cónyuge pudiera cambiar algo en usted, qué sería?

LAS ZORRAS PEQUEÑAS EN LA VIDA CRISTIANA

«Cazadnos las zorras, las zorras pequeñas, que echan a perder las viñas; porque nuestras viñas están en cierne» (Cantares 2:15).

INTRODUCCIÓN: Muchos cristianos no viven una vida cristiana victoriosa, o como la llama Watchman Nee «la vida cristiana normal», porque han dejado que en su viña se le metan las zorras pequeñas. En esta exposición reflexionaré sobre cuatro zorras pequeñas.

I. Las zorras pequeñas, «el orgullo espiritual».

1. El orgullo espiritual lleva a un creyente a pensar de sí más de lo que es.
2. Tener orgullo es mirar a mi prójimo por encima de mi hombro y ver a mi hermano inferior a mí.
3. Un puesto en la iglesia no nos hace mejor que otros, sino que es para convertirnos en servidores de los demás.
4. Un creyente puede ser orgulloso en su:

   A. Manera de testificar o hablar.
   B. Carácter.
   C. Opinión.

ILUSTRACIÓN: Las últimas palabras de Dantón al famoso verdugo, Sansón, fueron: «Enseña mi cabeza al pueblo cuando la hayas cortado; es digna de ser mostrada» (Samuel Vila, Enciclopedia de Anécdotas.)

II. La zorra pequeña, «La murmuración.»

1. La lengua es el último miembro que se convierte.
2. En algún lugar leí que «los caracoles tienen dientes en la lengua». Aunque sus dientes son microscópicos, pueden hacer daño al enemigo. Muchos creyentes con sus lenguas hieren a su hermano en la fe.
3. El creyente que murmura de su hermano o de su prójimo está produciendo «suero» para la «carne».
4. El Diccionario Easa define murmuración como: «conversación en perjuicio de un ausente».

A. Murmurar es arruinar por la espalda la reputación de otro.
B. Murmurar es una alianza verbal con otro para la destrucción del prójimo.
C. Murmurar es echarle fango al vestido blanco de nuestro semejante.
D. Murmurar es tirar la piedra y esconder la mano.

ILUSTRACIÓN: «Antes que digas nada a nadie, deja pasar tu intención por las tres preguntas siguientes: Primera, ¿es verdad lo que pienso decir? Segunda, ¿es necesario que lo diga? Tercera, ¿es bueno que pase por mis labios? Cuando hayas aprendido a hablar así, habrás ganado mucho» (Samuel Vila, Enciclopedia de anécdotas.)

III. La zorra pequeña, «La falta de consagración.»

1. El término consagración se refiere al acto de dedicar algo a Dios.
2. A Dios se le consagran las personas, las cosas u objetos.

3. Algo que se le consagra a Dios no se puede usar con fines personales o mundanos.
4. Un creyente consagrado es aquel que separa su vida exclusivamente para el servicio a Dios.

   A. El creyente consagrado está crucificado con Cristo, «Con Cristo estoy juntamente crucificado, ya no vivo yo, mas vive Cristo en mí; y lo que ahora vivo en la carne, lo vivo en la fe del Hijo de Dios, el cual me amó y se entregó a sí mismo por mí» (Gálatas 2:20).
   B. El creyente consagrado ha crucificado al mundo, «Pero lejos esté de mí gloriarme, sino en la cruz de nuestro Señor Jesucristo, por quien el mundo me es crucificado a mí, y yo al mundo» (Gálatas 6:14).
   C. El creyente consagrado ha crucificado al viejo hombre, «... nuestro viejo hombre fue crucificado juntamente con él, para que el cuerpo del pecado sea destruido, a fin de que no sirvamos más al pecado» (Romanos 6:6).

ILUSTRACIÓN: Se lee en el «diario» del famoso misionero-explorador Livingstone: «Yo no quiero dar valor alguno a algo que yo pueda poseer, si ello no está relacionado con los intereses del Reino de los Cielos. Si algo yo tengo, deseo consagrarlo solamente a este fin. Yo daré todo lo que soy o poseo, lo guardaré según mis necesidades en la propia obra; pero de uno u otro modo sólo quiero ayudar a la gloria de Aquel de quien dependen todas mis esperanzas, en el tiempo o en la eternidad» (Samuel Vila, Enciclopedia de Anécdotas.)

IV. La zorra pequeña, «La falta de amor.»

   1. Las iglesias se han vuelto muy teóricas en cuanto a este fruto del Espíritu.
   2. Muchos creyentes aman por conveniencia:

A. Escogen a quién quieren amar.
B. Aman con garantías.
C. Su amor cabalga sobre prejuicios.

3. El amor cristiano es más que una expresión de cariño, es un sacrificio por el prójimo.
4. La expresión bíblica «amarás... a tu prójimo como a ti mismo» (Lucas 10:27), significa:

A. No me amaré más que a mi prójimo.
B. No amaré a mi prójimo menos que a mí.
C. El bien que deseo y busco para mí lo espero para mi prójimo.

5. Muchos creyentes se han convertido en artistas de Hollywood amando a su prójimo.

A. Conocen el lenguaje del amor pero no la verdadera experiencia.
B. Aman verbalmente, lo aparentan físicamente, pero emocionalmente están lejos de lo real.

6. ¿Qué caracteriza a un creyente que no tiene el amor de Dios? (1 Corintios 13:4-7).

A. No está dispuesto a sufrir por el evangelio.
B. No es benigno en su trato con los demás.
C. Es envidioso con lo que otros poseen.
D. Es jactancioso en todo lo que hace.
E. Es envanecido en sus palabras.
F. Hace cualquier cosa indebida para salir bien.
G. Busca por lo que le conviene.
H. Se irrita por cualquier cosa.
I. Guarda rencor por lo que le han hecho. Perdona pero no olvida.
J. Se goza de todas las injusticias y aun pudiendo hacer algo se cruza de brazos.
K. No todo lo sufre, lo cree, lo espera o lo soporta.

CONCLUSIÓN: Querido creyente, no permitas que ninguna de estas pequeñas zorras vaya a destruir tu vida espiritual como cristiano. En ti está el cazarlas o dejarlas crecer. Amén.

LAS ZORRAS PEQUEÑAS
EN EL MINISTERIO

«Cazadnos las zorras, las zorras pequeñas, que echan a perder las viñas; porque nuestras viñas están en cierne» (Cantares 2:15).

INTRODUCCIÓN: El diablo ataca los ministerios, no importa cuál sea la experiencia del que lo tenga. Hay cinco zorritas que buscan algún orificio para entrar dentro de la viña-ministerio. Veamos estas pequeñas zorras y cuidémonos de ellas, son diminutas pero destructivas.

I. La zorra pequeña, «El abuso de la autoridad ministerial.»

1. Según Watchman Nee, «la autoridad nunca debe exceder el ministerio».
2. La autoridad debe ejercerse en un espíritu democrático.
3. La autoridad espiritual es algo que Dios ha delegado:

    A. En esa autoridad el líder representa a Dios.
    B. El adueñarse de la autoridad que Dios delega es un acto de rebelión.
    C. El atribuirse más autoridad que la conferida por Dios es «presunción»; pecado que Dios castiga severamente.

4. ¿De qué manera se puede abusar de la autoridad espiritual?

    A. Tomando decisiones sin consultar el sentir de otros.
    B. Poniendo y quitando líderes al antojo.
    C. Expulsando con psicología a los que se oponen.
    D. Pisoteando los derechos de otros.
    E. Atacando con predicaciones y fusilando con disciplinas.

II. La zorra pequeña, «La apropiación de lo ajeno.»

    1. El ministro no debe tocar los fondos de la congregación sin permiso de la misma.
    2. Ningún miembro de su familia debe estar a cargo de la tesorería.
    3. Todos los fondos deben ser depositados en una cuenta de banco a nombre de dos oficiales y del pastor.
    4. Muchos ministros han caído tomando ilegal e indebidamente de los fondos de la iglesia.

III. La zorra pequeña, «Las pasiones sexuales.»

    1. Las «faldas» tumban a muchos ministros, pastores y evangelistas.
    2. El ministro debe distinguir entre lo que son las relaciones sociales y la atracción sexual con el sexo opuesto.
    3. Todo ministro debe procurar tener una vida sexual agradable, saludable, excitante y de satisfacción con su cónyuge.
    4. Cuando la vida sexual íntima del ministro se descuida, el diablo lo apasiona y lo enfrenta continuamente a severas tentaciones.

5. El jugar a «Sansón» ha derrotado a muchos cristianos.

   A. Evite a mirar a una mujer con codicia.
   B. No se enamore de la mujer ajena, es adulterio en el corazón.
   C. Toda imagen sexual que le venga a su mente a no ser por su cónyuge, repréndala.

IV. La zorra pequeña, «La mala administración.»

   1. Toda organización necesita funcionar bajo una buena administración para su éxito y crecimiento.
   2. Da pena decirlo, pero muchos ministros son enemigos de programas preparados y amigos de todo lo improvisado.

   A. Nunca se sientan con sus líderes a preparar las actividades de la iglesia.
   B. Esperan la última hora para preparar algo.
   C. No se sujetan al tiempo, pero sujetan el tiempo de otros.

   3. Una congregación donde el pastor lo es y lo hace todo nunca progresa.

   A. Un buen líder conoce el arte de delegar.
   B. Un líder de éxito es aquel que comparte su visión con otros.
   C. Un líder sabio busca la ayuda y el consejo de los demás. No le mete el pecho solo a todas las cosas.

V. La zorra pequeña, «La falta de preparación.»

   1. El maestro que no estudia termina siendo alumno.

El pastor que no se prepara, que no lee, termina al nivel de los feligreses.

2. El ministro debe sacar tiempo para su capacitación ministerial.

   A. El estudio del ministro es más que tres años de instituto.
   B. Su preparación va más allá que el asistir a la reunión de obreros.
   C. La preparación del ministerio abarca desde la lectura de libros a la asistencia a seminarios y conferencias.

3. Muchos ministros han caído en el error de «sabelotodo». ¡Cuán equivocados están! Sócrates decía: «Yo sólo sé que no sé nada.»

4. La preparación tiene que ver también con las predicaciones.

   A. A muchos pastores no les gusta predicar. Deben orarle a Dios para que les ayude en esto.
   B. A otros les gusta que se predique corto.
   C. Están los que sólo creen en testimonios y coros.
   D. Todo pastor debe y es llamado a ser el predicador del domingo en su congregación.
   E. El pueblo está cansado de los sermones «sancochos». Esperan que su pastor trabaje más seriamente en la elaboración del sermón.
   F. La predicación debe ser el resultado de la oración, la meditación y el estudio bíblico-reflexivo.

EJERCICIO: ¿Cómo evaluaría su ministerio? ¿Cuáles son los puntos fuertes y débiles en su minsiterio? ¿Qué fallos ve usted en el ministerio en general? ¿Qué entiende usted por el ministerio como profesión? ¿Vocación? Explique la diferencia entre llamamiento y ministerio.

8

Los diez mandamientos y el nuevo mandamiento

NO TENDRÁS DIOSES AJENOS

«No tendrás dioses ajenos delante de mí» (Éxodo 20:3).

INTRODUCCIÓN: Este primer mandamiento es un llamado a la verdadera adoración divina, y un rechazo a todo culto pagano. En los días del pueblo hebreo, las naciones paganas estaban plagadas por el politeísmo. El verdadero pueblo de Dios sólo adoraría a un Dios único, verdadero y eterno. En la actualidad muchos reclaman adorar a Dios, pero ponen delante de Él muchos dioses ajenos.

I. Este mandamiento es rendido en otras versiones bíblicas:

1. «No habrá para ti otros dioses delante de mí» (BJ).
2. «No tengas otros dioses fuera de mí» (NBL).
3. «No tengas otros dioses rivales míos» (NBE).
4. «No tengas dioses aparte de mí» (DHH).
5. «No tendrás otro Dios que a mí» (NC).
6. «No adorarás otros dioses» (BD).

II. Este mandamiento significa literalmente:

1. La imposición de un culto monoteísta.
2. Dios no quiere competencia en su culto.
3. Dios busca una adoración exclusiva en su alianza con el pueblo.

III. ¿Por qué Dios se opone a otros dioses?

1. Porque los creyentes son «el pueblo de su heredad» (Deuteronomio 4:20).
2. Porque es «Dios celoso» (Deuteronomio 4:24).
3. Porque los dioses son «hechos de manos de hombre, de madera y piedra, que no ven, ni oyen, ni comen, ni huelen» (Deuteronomio 4:28).
4. Porque «Jehová es Dios, y no hay otro fuera de él» (Deuteronomio 4:35).
5. Porque «Jehová es Dios arriba en el cielo y abajo en la tierra y no hay otro» (Deuteronomio 4:39).
6. Porque es el Dios que obra «con pruebas, con señales, con milagros y con guerra y mano poderosa y brazo extendido» (Deuteronomio 4:34).

IV. ¿Cuáles son algunos de los dioses que muchas personas ponen delante de Dios?

1. El dios del dinero:

   A. «… No podéis servir a Dios y a las riquezas» (Mateo 6:24).
   B. «… y el engaño de las riquezas, y las codicias de otras cosas, entran y ahogan la palabra, y se hace infructuosa» (Marcos 4:19).
   C. «A los ricos de este siglo manda que no sean altivos, ni pongan la esperanza en las riquezas…» (1 Timoteo 6:17).
   D. «Porque raíz de todos los males es el amor al dinero…» (1 Timoteo 6:10).

2. El dios de la popularidad:

   A. *Fue el dios de los fariseos*: «Antes, hacen todas sus obras para ser vistos por los hombres.

Pues ensanchan sus filacterías, y extienden los flecos de sus mantos; y aman los primeros asientos en las cenas, y las primeras sillas en las sinagogas, y las salutaciones en las plazas, y que los hombres los llamen: Rabí» (Mateo 23:5-7).

B. *Fue el dios de Diótrefes*: «Yo he escrito a la iglesia; pero Diótrefes, al cual le gusta tener el primer lugar entre ellos, no nos recibe» (3 Juan 9).

3. El dios de la apariencia física:

A. «Engañosa es la gracia, y vana la hermosura; la mujer que teme a Jehová, ésa será alabada» (Proverbios 31:30).

B. «¡Ay de vosotros, escribas y fariseos, hipócritas! Porque sois semejantes a sepulcros blanqueados que, por fuera, a la verdad, se muestran hermosos, mas por dentro están llenos de huesos de muertos y de toda inmundicia» (Mateo 23:27).

4. El dios de la pereza:

A. «Perezoso, ¿hasta cuándo has de dormir? ¿Cuándo levantarás de tu sueño? Un poco de sueño, un poco de dormitar, y cruzar, por un poco, las manos para reposo» (Proverbios 6:9, 10).

B. «En lo que requiere diligencia, no perezosos; fervientes en espíritu, sirviendo al Señor» (Romanos 12:11).

C. «El alma del perezoso desea, y nada alcanza...» (Proverbios 13:4).

5. El dios del placer:

A. «A la risa dije: Enloqueces, y al placer: ¿De qué sirve esto?» (Eclesiastés 2:2).
B. «Alégrate, joven, en tu juventud, y tome placer tu corazón en los días de tu adolescencia; y anda en los caminos de tu corazón y en la vista de tus ojos; pero sepas, que sobre todas estas cosas te juzgará Dios» (Eclesiastés 11:9).

CONCLUSIÓN: ¿Qué dioses ajenos has puesto delante de Dios? ¿Será tu familia, tu cónyuge, tu casa, tu educación, tu persona, un dios falso delante de Dios? El Señor te dice: «No pongas en lugar mío ninguna cosa que pueda tomar el tiempo y la dedicación que a mí me corresponde.» Amén.

NO TE HARÁS IMAGEN

«No te harás imagen, ni ninguna semejanza de lo que esté arriba en el cielo, ni abajo en la tierra, ni en las aguas debajo de la tierra. No te inclinarás a ellas, ni las honrarás; porque yo soy Jehová, tu Dios, fuerte, celoso, que visitó la maldad de los padres sobre los hijos hasta la tercera y la cuarta generación de los que me aborrecen, y hago misericordia a millares, a los que me aman y guardan mis mandamientos» (Éxodo 20:4-6).

INTRODUCCIÓN: El primer mandamiento se refiere a algún dios que se ponga en el lugar de Dios. Este segundo mandamiento es contra cualquier imagen que se interponga entre Dios y el hombre como objeto de adoración. Dios no quiere que la adoración a él sea interferida por nadie ni por nada.

I.   Este mandamiento no se aplica a:

    1.   Las pinturas artísticas.
    2.   Las ilustraciones religiosas en libros o revistas.
    3.   Las esculturas con fines históricos.
    4.   Las fotografías mentales que el hombre tiene de las cosas celestiales.

II. Este mandamiento no fue violado:

    1.   Con la serpiente de bronce.

      «Y Moisés hizo una serpiente de bronce, y la puso

sobre una asta; y cuando alguna serpiente mordía a alguno, miraba a la serpiente de bronce, y vivía» (Números 21:9).

«Y como Moisés levantó la serpiente en el desierto, así es necesario que el Hijo del Hombre sea levantado» (Juan 3:14).

2. Con los dos querubines de oro en el propiciatorio.

«Harás también dos querubines de oro; labrados a martillo los harás en los dos extremos del propiciatorio» (Éxodo 25:18).

3. Con los querubines en las cortinas del tabernáculo.

«Harás el tabernáculo de diez cortinas de lino torcido, azul, púrpura y carmesí, y lo harás con querubines de obra primorosa» (Éxodo 26:1).

4. Con las figuras con que Salomón esculpió las paredes del templo.

«Y esculpió todas las paredes de la casa alrededor de diversas figuras, de querubines, de palmeras y de botones de flores, por dentro y por fuera» (1 Reyes 6:29).

5. Con las figuras sobre los tableros en el templo.

«Y sobre aquellos tableros que estaban entre las molduras, había figuras de leones, de bueyes y de querubines...» (1 Reyes 7:29).

III. Este mandamiento enseña:

1. Dios es superior y está por encima de toda imagen cúltica.

2. Dios dice sobre las imágenes: «No te inclinarás a ellas, ni las honrarás...» (Éxodo 20:5).
3. Dios se molesta con las imágenes: «porque yo soy Jehová, tu Dios, fuerte, celoso...» (Éxodo 20:5).
4. Dios pregunta: «¿Quién formó un dios, o quién fundió una imagen que para nada es de provecho?» (Isaías 44:10).

IV. Este mandamiento nos recuerda:

1. Los tres jóvenes hebreos no adoraron la estatua de oro.

   «Y si no, sepas, oh rey, que no serviremos a tus dioses, ni tampoco adoraremos la estatua que has levantado» (Daniel 3:18).

2. Los que no adoraron a Baal.

   «Y yo haré que queden en Israel siete mil, cuyas rodillas no se doblaron ante Baal, y cuyas bocas no lo besaron» (1 Reyes 19:18).

3. Los santos mártires de la gran tribulación no adorarán la imagen del Anticristo.

   «... y vi las almas de los decapitados por causa del testimonio de Jesús y por la palabra de Dios, los que ni habían adorado a la bestia ni a su imagen...» (Apocalipsis 20:4).

CONCLUSIÓN: A Dios se adora en espíritu, con fe y con devoción. Muchos creyentes no sirven a imágenes de «santos» o de «vírgenes» o de «cristos»; pero sirven a imágenes que han forjado, y que en sus vidas han llegado a empañar la verdadera adoración a Dios. Amén.

NO TOMARÁS EL NOMBRE DE DIOS EN VANO

«No tomarás el nombre de Jehová, tu Dios, en vano; porque no dará por inocente Jehová al que tomare su nombre en vano» (Éxodo 20:7).

«No hagas mal uso del nombre del Señor, tu Dios, pues él no dejará sin castigo al que use mal su nombre» (DHH).

INTRODUCCIÓN: Este tercer mandamiento se relaciona con la reverencia que se debe tener al emplear el nombre de Dios. El nombre de Dios se usa en varias maneras y compuestos: Elohim, Adonai, Jehová-Rafa (Dios sanador), Jehová-Shalom (Dios pacificador), Jehová-Nissi (Dios bandera), Jehová-Yireh (Dios proveedor), Jehová-Shama (Dios está). Se le puede llamar Dios, Señor, Padre, Jesús, Espíritu Santo, Consolador... pero siempre es Dios.

I. El tomar el nombre de Dios en vano es:

1. Profanar su nombre.

    «Y no juraréis falsamente por mi nombre, profanando así el nombre de tu Dios. Yo Jehová» (Levítico 19:12).

2. Agraviar su nombre.

    «... los que juran en el nombre de Jehová, y hacen

memoria del Dios de Israel, mas no en verdad ni en justicia» (Isaías 48:1).

3. Blasfemar su nombre.

«Y el que blasfemare el nombre de Jehová, ha de ser muerto...» (Levítico 24:16).

4. Mentir con su nombre.

«Y acontecerá que cuando alguno profetizase aún, le dirán su padre y madre que lo engendraron: No vivirás, porque has hablado mentira en el nombre de Jehová...» (Zacarías 13:3).

II. El nombre de Dios se toma en vano:

1. Profiriendo maldiciones.
2. Haciendo falsos juramentos.
3. Expresando promesas falsas.
4. Usándolo en bromas y chistes.
5. Mencionándolo en represiones insensatas.
6. Diciendo: «el Señor me ha dicho o me reveló». Sin ser el Señor.
7. Citándolo con hipocresía.

III. El nombre de Dios se debe usar para:

1. Cantarle.

«Alabaré a Jehová conforme a su justicia, y cantaré al nombre de Jehová el Altísimo» (Salmo 7:17).

2. Alabarle.

«Voluntariamente sacrificaré a ti; alabaré tu nombre, oh Jehová, porque es bueno» (Salmo 54:6).

3. Invocarle.

«Entonces invoqué el nombre de Jehová, diciendo: Oh Jehová, libra ahora mi alma» (Salmo 116:4).

4. Salvación.

«Y todo aquel que invocare el nombre del Señor, será salvo» (Hechos 2:21).

5. Poder.

«Y estas señales seguirán a los que creen: En mi nombre echarán fuera demonios...» (Marcos 16:17).

6. Vida eterna.

«Pero éstas se han escrito para que creáis que Jesús es el Cristo, el Hijo de Dios, y para que creyendo, tengáis vida en su nombre» (Juan 20:31).

CONCLUSIÓN: No seamos hallados culpables por usar el nombre de Dios de manera irreverente. Amén.

ACUÉRDATE DEL DÍA DE REPOSO

«Acuérdate del día de reposo para santificarlo. Seis días trabajarás, y harás toda obra; mas el séptimo día es reposo para Jehová, tu Dios; no hagas en él obra alguna, tú, ni tu hijo, ni tu hija, ni tu siervo, ni tu criada, ni tu bestia, ni tu extranjero que está dentro de tus puertas. Porque en seis días hizo Jehová los cielos y la tierra, el mar, y todas las cosas que en ellos hay, y reposo en el séptimo día; por tanto, Jehová bendijo el día de reposo y lo santificó» (Éxodo 20:8-11).

INTRODUCCIÓN: Los primeros cuatro mandamientos tratan de la manera que el hombre debe adorar a Dios. Nos recuerdan el resumen que Jesús dio a esta parte del decálogo: «Amarás al Señor, tu Dios, con todo tu corazón, y con toda tu alma, y con todas tus fuerzas, y con toda tu mente...» (Lucas 10:27). La adoración tiene que ser única (primer mandamiento), directa (segundo mandamiento), verdadera (tercer mandamiento) y especial (cuarto mandamiento).

I. El día de reposo y la ley:

   1. Un recordatorio de la creación (Éxodo 20:11).
   2. Una identificación del pueblo israelita (Éxodo 31:16).
   3. Un tiempo de descanso (Éxodo 20:10).
   4. Una demostración en contra de la ociosidad (Éxodo 31:15).
   5. Una oportunidad de adoración (Éxodo 20:8).

II. El día de reposo y Cristo:

1. *Guardó el día de reposo*, «Y entraron en Capernaum; y los días de reposo, entrando en la sinagoga, enseñaba» (Marcos 1:21).
2. *Predicó en día de reposo*, «Vino a Nazaret, donde se había criado; y en el día de reposo entró en la sinagoga, conforme a su costumbre, y se levantó a leer» (Lucas 4:16).
3. *Perdonó en día de reposo*, «Y, al instante, aquel hombre fue sanado... y era día de reposo aquel día... Después halló Jesús en el templo, y le dijo: Mira, has sido sanado; no peques más, para que no te venga alguna cosa peor» (Juan 5:9-14).
4. *Sanó en día de reposo*, «Otra vez entró Jesús en la sinagoga; y había allí un hombre que tenía seca una mano. Y le acechaban para ver si en el día de reposo le sanaría, a fin de poder acusarle. Entonces dijo al hombre que tenía la mano seca: Levántate y ponte en medio... Extiende tu mano. Y él la extendió, y la mano le fue restaurada sana» (Marcos 3:1-5).
5. *Explicó el día de reposo*, «Porque el Hijo del Hombre es Señor del día de reposo» (Mateo 12:8).
6. *Visitó en día de reposo*, «Aconteció un día de reposo que, habiendo entrado para comer en casa de un gobernante que era fariseo, éstos le acechaban» (Lucas 14:2).

III. El día de reposo y el cristiano:

1. Este día es ahora el domingo.
2. Éste es un día especial para:

   A. Reunión.
   B. Comunión.

C. Estudio.

D. Adoración.

3. Este día puede ser violado por:

A. El trabajo.

B. Las diversiones.

C. La pereza.

D. Las visitas.

CONCLUSIÓN: Dios desea que se le adore todos los días, pero pide particularmente un día entre siete, a saber el domingo. No le tomemos el día que a Dios le corresponde. Amén.

HONRA A TU PADRE Y A TU MADRE

«Honra a tu padre y a tu madre, para que tus días se alarguen en la tierra que Jehová, tu Dios, te da» (Éxodo 20:12).

INTRODUCCIÓN: Este quinto mandamiento enseña tanto un deber como una responsabilidad hacia los parientes. Es imposible amar a Dios y, a la misma, deshonrar a los padres. Tristemente, muchos, después que son padres y madres se olvidan que también son hijos. Ser hijo es más que tener un parecido físico o llevar un apellido, es un llamado a honrar al padre y a la madre.

I. Este mandamiento a la luz del Nuevo Testamento enseña:

1. Jesús se lo citó a los escribas y fariseos:

    «Porque Dios mandó diciendo: Honra a tu padre y a tu madre; y: El que maldiga al padre o a la madre, muera irremisiblemente. Pero vosotros decís: Cualquiera que diga a su padre o a su madre: Es mi ofrenda a Dios todo aquello con que pudiera ayudarte, ya no ha de honrar a su padre o a su madre. Así habéis invalidado el mandamiento de Dios por vuestra tradición» (Mateo 15:4-6).

2. Jesús se lo citó al joven rico:

«Honra a tu padre y a tu madre; y, amarás a tu prójimo como a ti mismo» (Mateo 19:19).

3. Pablo hizo alusión a este mandameinto:

«Honra a tu padre y a tu madre, que es el primer mandamiento con promesa; para que te vaya bien, y seas de larga vida sobre la tierra» (Efesios 6:2, 3).

II. Al padre y a la madre se les deshonra:

1. Al no «hacer más por su padre o por su madre» (Marcos 7:12).
2. Al no obedecerlos, «Hijos, obedeced *en el Señor* a vuestros padres porque *esto es justo*» (Efesios 6:1).
3. Al no hacerles caso, «Hijos, obedeced a vuestros padres *en todo*, porque esto agrada al Señor» (Colosenses 3:20).

III. Hijos que dehonran a su padre y a su madre:

1. El hijo necio, «es tristeza de su madre» (Proverbios 10:1).
2. El hijo vago, «El que duerme en tiempo de siega es hijo que avergüenza» (Proverbios 10:5).
3. El hijo burlador, «Mas el burlador no escucha las reprensiones» (Proverbios 13:1).
4. El hijo que tiene malas compañías, «Mas el que es compañero de glotones avergüenza a su padre» (Proverbios 28:7).
5. El hijo que ignora, «Mas el hombre necio menosprecia a su madre» (Proverbios 15:20).
6. El hijo que toma lo ajeno, «El que roba a su padre y ahuyenta a su madre, es hijo que causa vergüenza y acarrea oprobio» (Proverbios 19:26).

IV. Algunos hijos que en la Biblia deshonraron a sus padres:

1. Amnón, hijo de David, ultrajó a su hermana Tamar (2 Samuel 13:11-14).
2. Absalón, hijo de David, fornicó con las mujeres de su padre públicamente (2 Samuel 16:22).
3. Jacob, hijo de Isaac, se hizo pasar por Esaú ante su padre ciego (Génesis 27:24).
4. Ofni y Finnes, hijos de Elí, tenían en poco la ofrenda que se daba a Dios (1 Samuel 2:12-17).
5. Los príncipes de Israel, hijos de Jacob, vendieron a José, su hermano, y le mintieron a su padre (Génesis 37:28-36).

V. Esta generación deshonra al padre y a la madre:

1. Desechándoles en su ancianidad.
2. Despojándoles del respeto que se merecen.
3. Descuidándoles porque no tienen tiempo.
4. Dejándoles de ayudar económicamente.

CONCLUSIÓN: Una vez leí que en el salón de medicina legal en Puerto Rico hay un letrero que, escrito debajo de un esqueleto, dice: «Lo que tú eres, yo lo fui una vez. Lo que soy, tú lo serás alguna vez. Trátame con cuidado.» Lo mismo podemos decir, hoy soy hijo, mañana seré padre. Como trate a mis padres, mis hijos me tratarán a mí. Amén.

NO MATARÁS

«No matarás» (Éxodo 20:13).

INTRODUCCIÓN: La vida del ser humano es algo que viene de Dios, y sólo Él se puede reservar el derecho a quitarla. En un tiempo de tanto crimen y violencia, este mandamiento en contra del homicidio necesita recalcarse.

I. Éste es un mandamiento que se viola:

1. En la destrucción de otras vidas por medio de las guerras.
2. En el aborto o el homicidio de niños no nacidos.
3. En la eutanasia o muerte piadosa.
4. En el acto criminal de robarle a otros su derecho a vivir.
5. En el suicidio como vía de escape a los problemas o la falta del deseo a vivir.
6. En los accidentes automovilísticos por negligencia, por el uso del alcohol o por estar bajo el efecto de drogas.

II. Algunas clases de homicidios:

1. El homicidio social, mata con prejuicios.
2. El homicidio racial, mata con discriminación.

3. El homicidio religioso, mata con tradiciones y dogmas humanos.
4. El homicidio filiar, mata con desintegración familiar.
5. El homicidio fraternal, mata con conflictos.
6. El homicidio congregacional, mata con divisiones o partidos.

III. El antídoto para no matar es:

1. No dando lugar a la ira (Romanos 12:19).
2. Amando a nuestros enemigos (Romanos 12:20, 21).
3. No abrigando venganzas.
4. Pensando antes de actuar, y no actuar, y luego pensar.
5. Dejando que Jesús gobierne nuestras vidas.

IV. «No matarás» no se refiere a:

1. La muerte en defensa propia.

   «Si el ladrón fuere hallado forzando una casa y fuere herido y muriere, el que lo hirió no será culpado de su muerte» (Éxodo 22:2).

2. La muerte involuntaria.

   «Mas el que no pretendía herirlo, sino que Dios lo puso en sus manos, entonces yo te señalaré el lugar al cual ha de huir» (Éxodo 21:13).

3. La muerte como pena capital.

   «Pero si alguno se ensoberbeciere contra su prójimo y lo matare con alevosía, de mi altar lo quitarás para que muera» (Éxodo 21:14).

«Asimismo el que robare a una persona y la vendiere, o si fuera hallada en sus manos, morirá» (Éxodo 21:16).

CONCLUSIÓN: Un alma arrepentida, un corazón inundado por el amor de Jesús, jamás dará lugar al homicidio. Amén.

NO COMETERÁS ADULTERIO

«No cometerás adulterio» (Éxodo 20:14).

INTRODUCCIÓN: Tanto en el quinto mandamiento como este séptimo son alusiones directas a la relación familiar de los hijos a los padres, y del esposo a la esposa o viceversa. Dios se preocupa por la felicidad de la familia.

I. Las causas del adulterio:

1. La falta de amor.
2. La falta de respeto mutuo.
3. La ausencia de responsabilidad conyugal.
4. La acumulación de resentimientos.
5. La intromisión de una tercera persona.
6. La falta de satisfacción sexual.

II. Las consecuencias del adulterio:

1. El matrimonio se mancilla.

   A. Es una institución divina.
   B. Es una unión divina.
   C. Es un proceso legal.

2. La familia se desintegra.

   A. Produce infidelidad conyugal.

B. Enfría las relaciones maritales.
C. Crea tensiones en el hogar.

3. Los hijos se afectan.

   A. El adulterio conlleva divorcio la mayoría de las veces.
   B. Los hijos sufren emocionalmente la separación de los padres.
   C. Los divorcios siempre llevan a nuevos matrimonios, que por cierto, muchas veces afectan a los hijos.

III. El antídoto contra el divorcio:

   1. Más comunicación matrimonial.
   2. Más fidelidad conyugal.
   3. Más amor hacia los hijos.
   4. Más entrega a Cristo.
   5. Más valores espirituales.
   6. Más compromiso a los votos hechos.

ILUSTRACIÓN: La costumbre de tener los recién casados un tiempo para celebrar sus nupcias o luna de miel, es una práctica que se remonta a los tiempos babilónicos. Según la historia, en la civilización babilónica, los recién casados, cuando llegaban a su futuro hogar, encontraban que la fachada estaba con miel que le ponían los amigos. Por veintiocho días la pareja permanecía en esa casa para así poder gozar de toda la felicidad futura que el matrimonio les daría. (Enciclopedia de anécdotas, Editorial Clie.)

NO HURTARÁS

«No hurtarás» (Éxodo 20:14).

INTRODUCCIÓN: ¿Ha sido usted víctima de algún robo? ¿Le han engañado para apropiarse de algo que le pertenecía? ¿Alguien ha sido víctima de usted por el fraude? El octavo mandamiento es un freno contra el engaño, el hurto, el soborno, el fraude, y cualquier medio que se emplee con el fin de apropiación ilegal.

I. Algunas maneras de hurtar:

1. El anuncio de precios falsos.
2. La venta fraudulenta.
3. El engaño al gobierno para recibir beneficios.
4. El no pagar deudas contraídas.
5. El recibir salario sin rendir trabajo.
6. El apropiarse de lo ajeno.
7. El representar falsamente a otro.
8. El plagiar lo que otro ha escrito.
9. El tomar por seducción a un hijo ajeno.
10. El alterar algo para beneficio propio.
11. El no darle a Dios lo que le corresponde.
12. El tomar la honra de una mujer.

II. Ejemplos de personas que en la Biblia hurtaron:

1. Acán hurtó un manto babilónico, doscientos siclos

172

de plata y un lingote de oro, y lo escondió en su tienda (Josué 7:21).

2. Micaía le robó a su madre mil cien siclos de plata, y los devolvió a ella (Jueces 17:1-3).

3. Judas robaba de la tesorería que tenía Jesús y los discípulos (Juan 12:6).

4. Ananías y Safira robaron de lo prometido a la iglesia (Hechos 5:1, 2).

5. Giezi, el siervo de Eliseo, robó cuando le pidió a Naamán lo que el profeta no le ordenó (2 Reyes 5:21-27).

III. Algunas reflexiones bíblicas en contra del hurto:

1. Los creyentes no deben ser, «codiciosos de ganancias deshonestas» (1 Timoteo 3:8).

2. Pablo dijo: «El que hurtaba, no hurte más, sino trabaje, haciendo con sus manos lo que es bueno, para que tenga que compartir con el que padece necesidad» (Efesios 4:28).

3. El proverbista dijo: «No robes al pobre, porque es pobre...» (Proverbios 22:22).

4. El profeta Sofonías declaró: «Asimismo castigaré en aquel día... los que llenan las casas... de engaño y robo» (Sofonías 1:9).

5. Jesús dijo: «¡Ay de vosotros, escribas y fariseos, hipócritas! porque limpiáis lo de fuera del vaso y del plato, pero por dentro estáis llenos de robo y de injusticia» (Mateo 23:25).

CONCLUSIÓN: Cuando niño escuchaba de labios de mi abuela: «Mira con las manos y toca con los ojos.» Sencillamente mi abuelita me decía, «No toques lo ajeno.» Si queremos ser bendecidos por Dios, nunca cojamos lo que no nos pertenece. Amén.

173

NO HABLARÁS FALSO TESTIMONIO

«No hablarás contra tu prójimo falso testimonio» (Éxodo 20:16).

INTRODUCCIÓN: El dar falso testimonio no es otra cosa sino el prestarnos para decir algo fatuo, falso, no verídico sobre alguien. El falso testimonio es lo mismo que hablar mentiras para perjudicar a otra persona.

I. El Nuevo Testamento registra algunos falsos testimonio:

   1. En contra de Jesús: «Porque muchos decían falso testimonio contra él...» (Marcos 14:56-59).
   2. En contra de la resurrección del Señor: «... Decid vosotros: Sus discípulos vinieron de noche, y lo hurtaron, estando nosotros dormidos» (Mateo 28:14).
   3. En contra de Esteban: «Entonces sobornaron a unos para que dijesen que le habían oído hablar palabras blasfemas contra Moisés y contra Dios» (Hechos 6:11).
   4. En contra de Pablo: «... presentando contra él muchas y graves acusaciones, las cuales no podían probar» (Hechos 25:7).

II. Algunas reflexiones sobre el falso testimonio:

1. «No admitirás falso rumor. No te concertarás con el impío para ser testigo falso» (Éxodo 23:2).
2. «El testigo falso no quedará sin castigo, y el que habla mentiras no escapará» (Proverbios 19:5).
3. «Martillo y cuchillo y saeta aguda es el hombre que habla contra su prójimo falso testimonio» (Proverbios 25:18).
4. «La lengua falsa atormenta al que ha lastimado, y la boca lisonjera hace resbalar» (Proverbios 26:28).

III. Algunas clases de mentiras:

1. La mentira piadosa.
2. La mentira para impresionar.
3. La mentira para autodefensa.
4. La mentira difamadora.
5. La mentira insinuadora.
6. La mentira hipócrita.
7. La mentira aduladora.
8. La mentira contra Dios.
9. La mentira que no se quería decir.

IV. La cura contra el falso testimonio:

1. No hable lo que no sabe y de quien no conoce.
2. No se junte con los chismosos y no difame a nadie.
3. No deje que su lengua lo meta en problemas.
4. No se meta en lo que no le importa.
5. No se vengue de otro descubriendo sus faltas.
6. No descuide la santificación de la lengua.

ILUSTRACIÓN: Una señora, un día, se acercó al rey Federico el Grande de Prusia para darle quejas.

«Su majestad» —le dijo—, «vengo a decirle que mi esposo se las pasa hiriéndome con palabras. Él me trata muy mal.»

«Ese no es mi problema.» —le contestó el rey secamente—.

«Eso no es todo», —continuó ella— «es que mi esposo habla muy mal de usted. Le critica todo cuanto hace.»

«En ese caso, ése no es su problema», fueron las palabras del rey.

CONCLUSIÓN: Los cristianos debemos orar al Señor para que nos libre de estar entrometiéndonos en la vida ajena de los demás. Amén.

NO CODICIARÁS

«No codiciarás la casa de tu prójimo, no codiciarás la mujer de tu prójimo, ni su siervo, ni su criada, ni su buey, ni su asno, ni cosa alguna de tu prójimo» (Éxodo 20:17).

INTRODUCCIÓN: La codicia es un pecado que se expresa cuando el hombre desea tener lo que pertenece a otro. El codicioso busca tener exactamente lo que es de otro. El mandamiento repite tres veces la expresión «de tu prójimo»; dos veces «no codiciarás»; y cuatro veces «ni su»; finalmente leemos «ni cosa alguna».

I. Personajes bíblicos que fueron víctimas de la codicia:

　　1. David codició la esposa de Urías Heteo (2 Samuel 11).
　　2. Acab codició la viña de Nabot (1 Reyes 21).
　　3. Eva codició el fruto que Dios le prohibió comer (Génesis 3).

II. La codicia es un pecado contra Dios porque:

　　1. Es motivada por el celo.
　　2. Nace de un corazón envidioso.
　　3. Es provocada por la avaricia.
　　4. Se desarrolla en el lujurioso.

III. La cura contra la codicia:

177

1. Agradezca las bendiciones de Dios.
2. Sea conforme con lo que tiene.
3. Tenga fe de que a su debido tiempo el Señor le dará lo mejor.
4. No mire al mundo para que no se embriague con lo que éste ofrece.
5. Tenga respeto por lo que es de otro.
6. Confiese cualquier deseo codicioso, Dios lo ayudará.

CONCLUSIÓN: Quien mucho codicia poco prospera. Amén.

UN NUEVO MANDAMIENTO

«Un mandamiento nuevo os doy: Que os améis unos a otros; como yo os he amado, que también os améis unos a otros. En esto conocerán todos que sois mis discípulos, si tuviéreis amor los unos con los otros» (Juan 13:34, 35).

«Por lo tanto, les voy a dar un nuevo mandamiento: ámense con la misma intensidad con que yo los amo. La intensidad del amor que se tengan será una prueba ante el mundo de que son mis discípulos» (NTV).

I. El ejemplo de este mandamiento -«... como yo os he amado...»

   1. Jesús amó compasivamente.
   2. Jesús amó desprendidamente.
   3. Jesús amó sacrificialmente.
   4. Jesús amó ilimitadamente.

II. Los ejecutadores de este mandamiento -«que también os améis unos a otros».

   1. Un amor sincero y no hipócrita.
   2. Un amor que comporta y que no sea egoísta.
   3. Un amor que soporte y que no rechace.
   4. Un amor que perdone y no que sea rencoroso.
   5. Un amor que ayude y no que critique.

III. El testimonio de este mandamiento -«En esto conocerán todos que sois mis discípulos...»

1. El amor se ve.
2. El amor se vive.
3. El amor se testifica.
4. El amor se contagia.
5. El amor se comunica.

CONCLUSIÓN: Quien ama a Dios y a su prójimo cumple con los diez mandamientos.

9

Milagros de sanidad

EL MILAGRO DE LISTRA

«Y cierto hombre de Listra estaba sentado, imposibilitado de los pies, cojo de nacimiento, que jamás había andado. Éste oyó hablar a Pablo, el cual, fijando en él sus ojos, viendo que tenía fe para ser sanado, dijo a gran voz: Levántate derecho sobre tus pies. Y él saltó, y anduvo» (Hechos 14:8-10).

INTRODUCCIÓN: La Biblia contiene muchos relatos de curaciones milagrosas. En cada uno se demuestra el deseo que tiene Dios de sanar a los enfermos; y la manera como el hombre puede ser sano. Un elemento indispensable es siempre la fe.

I.   La condición del hombre:

   1.   «Y cierto hombre de Listra estaba sentado...»

      A.   Para él todos los días eran iguales.
      B.   Estaba impotente físicamente.
      C.   En él no había nada interesante.

   2.   «imposibilitado de los pies...»

      A.   La Biblia de Jerusalén rinde, «tullido de los pies».
      B.   En sus pies estaba su defecto físico.
      C.   Sus pies le limitaban como persona.

   3.   «cojo de nacimiento...»

    A. Nació con esa desgracia.
    B. Tuvo una niñez diferente a los demás niños.
    C. Sus padres tuvieron que aceptar que su niño era impedido.

4. «que jamás había andado».

    A. Su deseo era caminar.
    B. La ciencia médica de sus días estaba limitada.
    C. Sólo un milagro podía cambiar el drama de su vida.

II. La fuente de su milagro:

1. La predicación, «Éste oyó hablar a Pablo.»

    A. En Hechos 14:7 leemos que Pablo y Bernabé «predicaban el evangelio» en Listra. Quizás en esta oportunidad este cojo escuchó sus primeros sermones.
    B. Pablo, al ver la condición de este hombre, es posible que se llenara de compasión, compartiendo algunos de los milagros de sanidad y sobre todo el plan de salvación.
    C. Los milagros comienzan en el terreno de la predicación y en aquellos que con atención la escuchan.

2. El contacto visual, «el cual fijando en él sus ojos».

    A. Del cojo en el templo de la Hermosa leemos: «Pedro, con Juan, fijando en él los ojos, le dijo: Míranos» (Hechos 3:4).
    B. En Hechos 13:9 leemos de la manera como Pablo miró a Elimas el mago: «Entonces Saulo... lleno del Espíritu Santo, fijando en él los ojos.»

C. Una mirada llena del Espíritu Santo puede contribuir para que un milagro ocurra.

3. La fe, «y viendo que tenía fe para ser sanado...»

A. La Nueva Biblia Española rinde, «y viendo que tenía una fe capaz de curarlo».
B. Este cojo deseaba ser sanado, esto se evidenciaba.
C. Él confesó su sanidad antes de que el milagro se operara.
D. La fe no es algo que se aprende o se recita, es algo que se expresa a Dios.

III. La actitud que mostró:

1. Pablo «le dijo a gran voz...»

A. Esto no fue un grito para impresionar.
B. Tampoco un grito de emoción.
C. Es un grito saturado de poder y fe.
D. Muchos gritan pero no tienen ni chispa de fe.

2. «Levántate derecho sobre tus pies»

A. Esto es una orden.
B. Esto es un acto de fe.
C. Esto es creer en todas las dimensiones (intelectual, física, emocional).

3. «Y él saltó, y anduvo.»

A. Hizo más de lo que se le pidió.
B. El esfuerzo es siempre recompensado.
C. El que no pone de su parte es porque no desea el milagro.

CONCLUSIÓN: ¿Qué le impide ser sano? ¿Está alimentando su vida espiritualmente para tener la fe que necesita? ¿Está cansado de tanto pedir por un milagro personal? Nunca es demasiado tarde para un milagro, pero siempre es temprano para que se realice. Amén.

LA DEPRESIÓN DE ELÍAS

«Y él se fue por el desierto un día de camino, y vino y se sentó debajo de un enebro; y deseando morirse, dijo: Basta ya, oh Jehová, quítame la vida, pues no soy mejor que mis padres» (1 Reyes 19:4).

INTRODUCCIÓN: Elías, el profeta de Dios, fue un instrumento humano que Dios usó en el Carmelo para derrotar a los sacerdotes de Baal. Las palabras airadas de la reina Jezabeel (verso 2), le quitaron la visión del profeta de ver una conversión en el rey Acab y en el pueblo de Jezreel. La fe le faltó en su vida, el temor se apoderó de él y huyó para salvar su vida. Todo esto le causa una gran depresión mental y emocional. Un comentarista ha dicho: «... en vez de mostrar el espíritu indomable de mártir, huyó de su puesto de deber».

I.   Los síntomas de la depresión de Elías (1 Reyes 19:4):

  1.   Huyó, «Y él se fue por el desierto un día de camino...»

    A.   Huyó del problema.
    B.   Huyó de su llamamiento.
    C.   Huyó de su ministerio.

  2.   Buscó la soledad, «y vino y se sentó debajo de un enebro...»

    A.   No quiso compartir su problema con nadie (léase el verso 3).

B. «Se sentó» es indicación de un estado melancólico, de tristeza, de desánimo, de pesimismo, de fatalismo... sin deseos de hacer o decir nada.

C. El «enebro» es una figura apropiada para describir la soledad en la que se cobija una persona deprimida.

3. Mostró aborrecimiento, «y deseando morirse, dijo: Basta ya, oh Jehová, quítame la vida...»

A. La vida para Elías perdió sentido, significado y valor.

B. Moisés en un estado depresivo expresó: «No puedo yo solo soportar a todo este pueblo, que me es pesado en demasía. Y si así lo haces tú conmigo, yo te ruego que me des muerte, si he hallado gracia en tus ojos; y que yo no vea mi mal» (Números 11:15).

C. Jonás, muy deprimido, dijo: «... Mejor sería para mí la muerte que la vida» (Jonás 4:8).

D. La depresión trata de destruir el sentido de autoestima.

4. Reveló un sentido de culpa, «pues no soy yo mejor que mis padres».

A. Los psicólogos afirman que las dos causas mayores de la depresión son la ira acumulada y la culpa aprisionada.

B. Existen dos clases de culpa: la culpa real que la produce el Espíritu Santo y la culpa ficticia que mantiene al ser humano en una actitud de sentimentalismo injustificado.

C. La culpa puede tomar sus raíces en alguna

experiencia traumatizadora del pasado, las relaciones con los parientes, algún fracaso personal o el haber sido causantes de algo.

D. La culpa produjo en Elías un complejo de inferioridad, «pues no soy yo mejor que mis padres».

II. La cura de la depresión de Elías (1 Reyes 19:5-7):

1. Compañía, «y echándose debajo del enebro, se quedó dormido, y he aquí luego un ángel le tocó...» (verso 5).

   A. En su depresión es tocado por «el ángel de Jehová» (verso 7).
   B. En medio de su depresión Dios lo vigila y le ministra.
   C. Debemos ser ángeles de Dios para aquellos Elías que están «dormidos» por la depresión y despertarlos.

2. Actividad, «y le dijo: Levántate, come... y comió y bebió, y volvió a dormirse... Y volviendo el ángel de Jehová la segunda vez, le tocó...» (versos 5 al 7).

   A. La mejor cura física contra la depresión es la actividad.
   B. Elías después de levantarse y comer y beber «volvió a dormirse», y necesitó un segundo toque. La depresión muchas veces se va pero vuelve... pero el ángel de Jehová no se va y está a tu lado para levantarte.

3. Metas, «... Levántate y come, porque largo camino te resta» (verso 7).

A. Hay que mirar al futuro con optimismo.
B. Hay que aceptar el «largo camino» que Dios nos ha trazado.
C. Hay que prepararnos físicamente, mentalmente y espiritualmente para llegar adonde Dios nos quiere llevar.

ILUSTRACIÓN: Leía en el «Pentecostal evangel» de Noviembre de 1982 el testimonio de la Sra. Gloria Jane Leavers de Ohio.

Según nos cuenta ella, el día 3 de Marzo de 1976, su padre murió trágicamente. Esto y otros factores combinados la sumieron en un estado de depresión aguda. Ninguna medicina la ayudaba. No podía luchar con la vida y terminó postrada en cama.

Ella nos dice: «Yo no podía distinguir entre la noche y el día. No tenía deseos de vivir. No podía comer. Yo rehusaba el lavarme la cara y peinarme el pelo... No podía comunicarme. Yo sabía que estaba muriendo, pero no me importaba.»

Su prima comenzó a orar y ayunar por Gloria. El milagro se realizó, Gloria se levantó de la cama, se lavó y peinó. Ella termina diciéndonos: «Yo recibí nueva vida, una nueva mirada y un nuevo mundo.» El secreto de esta dama víctima de la depresión fue recibir a Jesús como su Salvador. Él le quitó la depresión.

LA ORACIÓN DE EZEQUÍAS

«En aquellos días Ezequías enfermó de muerte. Y vino a él el profeta Isaías, hijo de Amoz, y le dijo: Jehová dice así: Ordena tu casa, porque morirás, y no vivirás. Entonces volvió Ezequías su rostro a la pared e hizo oración a Jehová» (Isaías 38:1, 2).

INTRODUCCIÓN: La enfermedad de Ezequías y su cura por intervención divina, es un relato que se repite de manera casi textual en Isaías 38:1-9, 21-22 y 2 Reyes 20:1-11. La sanidad milagrosa de Ezequías se vuelve a mencionar en 2 Crónicas 32:24. Si algo los escritores bíblicos tratan de comunicar a los lectores, es que Dios sale en favor de aquellos que oran e interviene para su bienestar. La enfermedad en vez de llavarnos a dudar de la soberanía divina, debe encaminarnos a tener fe en Dios y a esperar por un milagro.

I.   La causa de esta oración:

1.   La enfermedad, «En aquellos días Ezequías enfermó...» (verso 1).

A.   La expresión «aquellos días» se refiere a la destrucción divina de «ciento ochenta mil asirios» y a la muerte del rey de Asiria Senaquerib (Isaías 37:36-38).
B.   Esa enfermedad de Ezequías fue producida por una «llaga» (verso 21).

191

C. Según Adam Clarke, la palabra hebrea para llaga es «shechin» y puede referirse a un «tumor inflamado, grano o abceso».

2. La brevedad, «enfermó de muerte» (verso 1).

A. Era una enfermedad mortal.
B. La ciencia médica de sus días no tenía la cura.
C. Según pasaban los días en vez de recuperarse, su estado empeoraba.

3. La revelación. «Y vino a él el profeta Isaías, hijo de Amoz, y le dijo: Jehová dice así: Ordena tu casa, porque morirás y no vivirás» (verso 1).

A. Dios, por medio del profeta, le revela a Ezequías que su muerte era inminente y le hace un llamado para que pusiera todos sus asuntos al día.
B. Hay de aquellos que la muerte los sorprenda sin estar espiritualmente preparados y que dejen todo «manga por hombro».
C. Es de saberse, que Ezequías no tenía herederos al reino, por tal razón, su muerte podía dejar al reino en estado de confusión.

II. La manera como es hecha esta oración:

1. En humillación, «Entonces volvió Ezequías su rostro a la pared e hizo oración a Jehová» (verso 2).

A. Lo hizo para orar con más dedicación y humillación.
B. De Acab leemos: «Y vino Acab a su casa triste y enojado, por la palabra que Nabot de Jezreel le había respondido, diciendo: No te daré la

heredad de mis padres. Y se acostó en su cama, y volvió su rostro, y no comió» (1 Reyes 21:4).

2. En ruego, «Y dijo: Oh, Jehová, te ruego que te acuerdes ahora...» (verso 3).

   A. Rogar es pedir con súplica.
   B. Rogar es esperar que Dios actuará.
   C. Rogar es confiar en las promesas divinas.

3. En integridad, «he andado delante de ti en verdad y con íntegro corazón» (verso 3).

   A. La Versión Moderna traduce, «he andado delante de tu rostro fielmente y con corazón sincero».
   B. La oración de Ezequías estaba impulsada por su testimonio interno.
   C. Él podía pedirle confiado a Dios porque vivía lo que decía.

4. En obediencia, «y que he hecho lo que ha sido agradable delante de tus ojos» (verso 3).

   A. En todo trató de agradar a Dios.
   B. Él sabía que Dios lo vigilaba y obedecerlo era su deber.

5. En lloro, «Y lloró Ezequías con gran lloro» (verso 3).

   A. La Biblia de Jerusalén rinde, «Y Ezequías lloró con abundantes lágrimas.»
   B. Él derramó su corazón delante de Dios.
   C. El creyente que llora delante de Dios se presenta como un niño que espera algo de su padre.

III. La respuesta a esta oración:

1. Según 2 Reyes 20:4, Ezequías recibió la respuesta de Dios «antes que Isaías saliese hasta la mitad del patio».
2. Dios le dio este mensaje a Isaías para Ezequías: «Yo he oído tu oración y he visto tus lágrimas, he aquí que yo te sano...» (verso 5).
3. Dios obró esa sanidad divina por medio de una «masa de higos» (verso 21).

   A. Isaías dio orden, «y pónganla en la llaga, y sanará» (verso 21).
   B. Es posible que la expresión, «al tercer día subirás a la casa de Jehová» (2 Reyes 20:5), se refiera al tiempo que Ezequías tuvo la «masa de higos» sobre la llaga.
   C. Dios puede sanar los enfermos usando los medios disponibles y la mano humana.

4. Dios le dio a Ezequías la señal de los «diez grados atrás» en el reloj de Acaz (verso 8).

   A. Según 2 Reyes 20:8, Ezequías preguntó a Isaías: «¿Qué señal tendré de que Jehová me sanará, y que subiré a la casa de Jehová al tercer día?»
   B. La señal que Jehová daría sería avanzar o retroceder la sombra diez grados (2 Reyes 20:9).
   C. Ezequías dijo: «Fácil cosa es que la sombra decline diez grados; pero no que la sombra vuelva atrás diez grados» (2 Reyes 20:10).
   D. Los grados en el reloj del sol representan horas, el retroceder la sombra diez grados, es como si dijéramos que el tiempo retrocedió diez horas. Este milagro, al igual que todos los milagros divinos, es inexplicable.

5. La respuesta de Dios es, «he aquí yo añado a tus días quince años» (verso 5).

   A. Según el comentario de la Biblia de Estudio Mundo Hispano: «Añadirle quince años puede significar que vivirá una vida de duración normal» (página 518).
   B. Los años que vivió Ezequías después de su sanidad es una incógnita en la revelación bíblica, pero fueron más de quince años.
   C. De lo que murió Ezequías no sabemos. En 2 Reyes 20:21 leemos: «Y durmió Ezequías con sus padres, y reinó en su lugar Manasés, su hijo.»
   D. En 2 Reyes 21:1 leemos: «De doce años era Manasés cuando comenzó a reinar...» El hecho de que Manasés, hijo de Ezequías, empezó su reinado a los doce años no significa que Ezequías vivió doce años más después de su sanidad. Lo más seguro es que Manasés nació por lo menos tres años después de la sanidad de su padre.

CONCLUSIÓN: La oración es para la iglesia lo que el agua es para las plantas. El suero del alma lo es la oración. El creyente que ora conquista la victoria. Amén.

LA SANIDAD DEL LEPROSO

«Cuando descendió Jesús del monte, le seguía mucha gente. Y he aquí vino un leproso y se postró ante él, diciendo: Señor, si quieres, puedes limpiarme. Jesús extendió la mano y le tocó, diciendo: Quiero; sé limpio. Y, al instante, su lepra desapareció. Entonces Jesús le dijo: Mira, no lo digas a nadie; sino ve, muéstrate al sacerdote, y presenta la ofrenda que ordenó Moisés, para testimonio a ellos» (Mateo 8:1-4).

INTRODUCCIÓN: El leproso en los días bíblicos no podía tener contactos con personas sanas; tenía que vociferar su enfermedad; y habitar fuera de la comunidad. En la Edad Media, los sacerdotes se ponían sus vestiduras sacramentales y, con un crucifijo en la mano, llevaban al leproso hasta la iglesia donde le leían una ceremonia funeral. Aunque estaba vivo físicamente, su enfermedad lo consideraba muerto a los ojos de la religión. El leproso tenía que vestir un hábito negro, vivir en un lazareto, y no podía asistir a misa.

La lepra le causaba dolor físico, soledad y angustia mental. Ser leproso era lo peor que podía suceder a un ser humano.

I. El leproso se acercó a Jesús, «Y he aquí vino un leproso y se postró ante él...» (Mateo 8:2).

1. No es Jesús quien se acerca al leproso, sino éste al Señor.

A. Reconoce su incapacidad para ser sano.

196

      B. Él sabe que puede depender de Cristo para el milagro deseado.

      C. No se demora en acudir al que le puede ayudar.

2. En Lucas 5:12 leemos: «... se presentó un hombre lleno de lepra...»

      A. La lepra le había cubierto todo su cuerpo de úlceras supurantes y malolientes.

      B. La voz y la respiración estaban afectadas por las úlceras en las cuerdas vocales.

      C. En su cuerpo tenía los tendones contraídos, las uñas deformes, las manos y los pies repulsivos, el rostro desfigurado; y no tenía sensibilidad en su cuerpo.

3. El leproso expresó reverencia en un espíritu de humildad.

      A. «Y se postró ante él» (Mateo 8:2).

      B. «El cual viendo a Jesús se postró con el rostro en tierra» (Lucas 5:12).

      C. «E hincada la rodilla» (Marcos 1:41).

II. El leproso le rogó a Jesús, «Señor, si quieres puedes limpiarme» (Mateo 8:2).

1. Marcos y Lucas dicen que pidió rogando.

      A. El verbo griego que se traduce «rogándole» en Marcos 1:40 es «parakaleo», significa literalmente suplicar en busca de consuelo.

      B. Su petición estaba acompañada por sus sentimientos.

2. Notemos el énfasis recalcado en la expresión: «Señor, si quieres puedes limpiarme.»

A. «Señor», en el griego se lee «Kurios» y significa en su más amplio sentido: Señor, amo, dueño. Es decir, «Yo soy tu siervo; soy tu esclavo y yo soy tu propiedad.»
B. «Si quieres», significa: «Reconozco que tienes el poder; pero está en tu voluntad el sanarme.»
C. «Puedes limpiarme.» William Barclay dice al particular: «Yo sé que soy una basura, sé que cualquier otro hombre huiría de mí; sé que no tengo derecho alguno, pero quizá tú, en la misericordia divina, comunicarás tu poder a alguien como yo.»

III. El leproso fue sanado por el Señor, «Jesús extendió la mano y le tocó, diciendo: Quiero; sé limpio. Y, al instante, su lepra desapareció» (Mateo 8:3).

1. En Marcos 1:41 leemos: «Y Jesús, teniendo misericordia de él...»

A. La palabra griega que se traduce misericordia es «splanenizomai»; significa: sentir compasión movida por la lástima.
B. La misericordia del Señor lo lleva a identificarse con el sufrimiento, el rechazo y el dolor que aquella pobre criatura experimentaba en su diario vivir.

2. Mateo, Marcos y Lucas repiten: «... extendió la mano y le tocó.»

A. El intocable fue tocado por Jesús.
B. William Barclay comenta: «La mano de Jesús se abrió hacia el hombre del que todos se apartaban.»
C. Ese debe ser el ministerio de la iglesia, tocar al que nadie toca.

3. En tres palabras Jesús le revela su voluntad: «Quiero; sé limpio.»

    A. El Señor le dice: «Es mi deseo que tú seas sanado.»
    B. En su suprema autoridad «quiero»; el Señor lo declara «limpio».
    C. Podemos parafrasear ahora: «Señor, tú puedes sanarme», dice el leproso. «Claro que quiero sanarte», le contesta Jesús, «ahora mismo verás la sanidad».

4. El milagro se operó en el momento.

    A. «Y, al instante, su lepra desapareció» (Mateo 8:3).
    B. «Y así que él hubo hablado, al instante la lepra se fue de aquel y quedó limpio» (Marcos 1:42).
    C. «Y, al instante, la lepra se fue de él» (Lucas 5:13).

IV. El ex-leproso testificó de Jesús, «Pero ido él, comenzó a publicarlo mucho y a divulgar el hecho...» (Marcos 1:45).

1. Jesús le dijo al que era leproso, «Mira, no lo digas a nadie.» Los tres evangelistas registran esta prohibición.
2. Jesús le ordenó cumplir con la ley de purificación para el leproso que se sanaba, según lo prescrito en Levítico 14.

    A. El sacerdote tenía que verlo (14:3).
    B. Se tomarían dos avecillas vivas, purificadas y limpias, con madera de cedro, grana e hisopo (14:4).

C. Una avecilla se mataría en un vaso de barro sobre aguas corrientes (14:5); la otra avecilla, con el cedro, la grana y el hisopo se mojarían en la sangre del ave muerta; y con ella se rociaría siete veces al que era leproso, declarándole libre y dejando libre la otra avecilla (14:6, 7).

D. El que era leproso tenía que lavar toda su ropa, raer todo el pelo de la cabeza, lavarse con agua, y morar siete días en el campamento en su tienda solo (14:8).

E. El séptimo día se afeitaría de su cuerpo todo pelo (barba, cejas, pestañas, axilas, piernas, brazos, genitales), y volvería a lavarse en agua (14:9).

F. El octavo día el sacerdote presentaría por él, el sacrificio que éste traería, como ofrenda de expiación por la culpa o pecado (14:10-32).

G. La ceremonia de restauración a la cual se sometía el que era leproso era «para testimonio a ellos» (Marcos 1:44).

3. Sólo Lucas declara que aquel hombre «comenzó a publicarlo mucho y a divulgar el hecho».

A. No pudo guardar en secreto su experiencia con Cristo.

B. El dar su testimonio fue su manera de expresar gratitud al Señor.

C. Su testimonio atrajo a muchos para que buscaran a Jesús (Lucas 5:15-16; Marcos 1:45).

ILUSTRACIÓN: Hallábase Napoleón en peligro, a causa de haberse desbocado su caballo, y un soldado raso salió de las filas y detuvo al animal.
- «Gracias, capitán» —dijo el emperador—.

- «¿De qué regimiento?» —preguntó el soldado—.

Admirado el emperador de la rápida percepción del soldado y de su confianza sencilla, él contestó:

- «De mi guardia.»

Inmediatamente el soldado dejó el fusil y se dirigió al cuerpo de oficiales.

- «¿A qué viene este intruso?» —dijo un general—.

- «Este intruso es capitán de la guardia del Emperador» —contestó el valiente soldado—.

- «¿Está usted loco? ¡Pobre iluso!» —dijo el general—.

- «Él lo ha dicho» —replicó el soldado señalando al Emperador, que todavía estaba a la vista—.

- «Perdone usted, Señor» —contestó con respeto el general—; no me había dado cuenta de ello.

Y así quedó instalado debidamente el simple soldado, como capitán de la guardia del Emperador.

«TENÍA ESPÍRITU DE ENFERMEDAD»

«Enseñaba Jesús en una sinagoga en el día de reposo; y había allí una mujer que desde hacía dieciocho años tenía espíritu de enfermedad, y andaba encorvada, y en ninguna manera se podía enderezar. Cuando Jesús la vio, la llamó y le dijo: Mujer, eres libre de tu enfermedad. Y puso las manos sobre ella; y ella se enderezó luego, y glorificaba a Dios» (Lucas 13:10-13).

INTRODUCCIÓN: Sólo Lucas, el evangelista, relata la historia de esta mujer afligida por dieciocho años. Su experiencia de médico lo capacita para representar un diagnóstico tan profesional, y una descripción tan clara del milagro sanador que en ella se operó. La lectura de este relato es suficiente para alimentar nuestra fe, y animarnos a confiar en el Señor.

I.   Una enfermedad prolongada -«… hacía dieciocho años tenía espíritu de enfermedad, y andaba encorvada, y en ninguna manera se podía enderezar».

   1.   «hacía dieciocho años tenía espíritu de enfermedad».
        A.   La causa de su enfermedad se describe como alguna forma de posesión demoníaca.
        B.   Durante dieciocho años, esta mujer estaba espiritualmente atada.
        C.   La Biblia de las Américas, rinde: «Y había allí una mujer que durante dieciocho años había tenido una enfermedad causada por un espíritu».

D. En Lucas 13:16, el Señor dice claramente: «Y a esta hija de Abraham, que Satanás había atado dieciocho años, ¿no se le debía desatar de esta ligadura en el día de reposo?»

E. La posesión demoníaca puede ser la causa de desórdenes mentales (Marcos 9:20-29; Marcos 5:1-20); emocionales (Mateo 15:22) y enfermedades físicas (Lucas 11:14).

F. En el caso de esta mujer no se necesitaba tratamiento médico, medicinas, terapias, sino liberación espiritual.

2. «y andaba encorvada».

A. La antigua versión de Casiodoro de Reina de 1569, rendía: «y andaba agobiada». El encorvamiento le causaba molestia, depresión y fatiga.

B. Ese espíritu maligno le afectaba su espalda. Algunos espíritus malignos pueden afectar las manos, los pies, la garganta, el estómago, el hablar, el oír, la respiración...

3. «y en ninguna manera se podía enderezar».

A. El Nuevo Testamento Viviente, lee: «sin que pudiera ponerse derecha en modo alguno».

B. El padecimiento de esta mujer era real y no imaginario, verdadero y no inventado.

C. Muchas enfermedades que los psicólogos llaman psicosomáticas, son aquellas que son producidas por el pensamiento humano. Se originan en la mente. Estas enfermedades las puede producir el demonio por opresión, obsesión o depresión. El creyente puede experimentar una enfermedad mental producida por lo antes dicho, pero no por posesión.

II. Una invitación especial -«Cuando Jesús la vio, la llamó y le dijo: Mujer, eres libre de tu enfermedad.»

1. «la vio».

   A. Jesús vio la tristeza de esta mujer.
   B. El Señor se compadeció de ella.
   C. El milagro que nadie podía ver, Él lo vio.

2. «la llamó».

   A. El decir «sí» o «no» estaba en la voluntad de ella.
   B. La salvación y los milagros son del que los quiera.
   C. Hay una invitación especial para todos los que quieran creer.

3. «y le dijo».

   A. En el original griego se emplean las palabras «logos» y «rhema» para describir la revelación verbal de Dios al hombre. Logos se refiere a la palabra general, universal, inclusiva de Dios para los creyentes. Rhema es la palabra individual, personal, exclusiva para un creyente determinado.
   B. En el caso de esta mujer es el «rhema» lo que el Señor le expresó.
   C. Los milagros divinos para un creyente particular se producen en el «rhema» y no en el «logos».
   D. Ejemplos del «rhema» son: «di la palabra y mi siervo sanará» (Lucas 7:7); «quiero ser limpio» (Marcos 1:40); «vete, tu fe te ha salvado» (Marcos 10:52).

III. Una liberación sanadora -«Y puso las manos sobre ella; y ella se enderezó luego, y glorificaba a Dios.»

1. En el milagro de esta mujer se combinan la palabra del Señor y la imposición de manos.

   A. «Mujer, eres libre de tu enfermedad.»
   B. «Y puso las manos sobre ella.»

2. La liberación antecedió a la imposición.

   A. La fe antecede al milagro.
   B. El deseo se antepone al hecho.

3. Ella fue libre por la palabra y no por la imposición.

   A. Hoy día, para muchos la imposición es más importante que la centralidad de la Palabra.
   B. El ritual religioso nunca debe quitar el lugar que corresponde a la soberanía divina.

4. La expresión «y ella se enderezó luego» significa literalmente:

   A. «Y al instante se enderezó» (BA).
   B. «E inmediatamente ella se enderezó» (NTV).
   C. «En el acto se puso derecha» (NBE).

5. Notemos el énfasis: «y glorificaba a Dios».

   A. Da gracias por el milagro.
   B. Reconoce en su experiencia liberadora a Dios.
   C. Está dispuesta a servirle y a dedicarse a Dios.

CONCLUSIÓN: En Lucas 13:16 Jesús se refiere a esta mujer como «hija de Abraham». Pablo dice: «Sabed, por tanto, que los que son de fe, estos son hijos de Abraham.» Y porque creyó, fue sanada de su encorvamiento. ¿Quieres tú también ser un hijo de Abraham?

10

Tres viejos del
Antiguo Testamento

ELÍ SENTADO EN LA SILLA

«Y se levantó Ana después que hubo comido y bebido en Silo; y mientras el sacerdote Elí estaba sentado en una silla junto a un pilar del templo de Jehová» (1 Samuel 1:90).

«Y cuando llegó, he aquí que Elí estaba sentado en una silla vigilando junto al camino, porque su corazón estaba temblando por causa del arca de Dios...» (1 Samuel 4:13).

«Y aconteció que cuando él hizo mención del arca de Dios, Elí cayó hacia atrás de la silla al lado de la puerta, y se desnucó y murió; porque era hombre viejo y pesado. Y había juzgado a Israel cuarenta años» (1 Samuel 4:18).

INTRODUCCIÓN: En estos tres pasajes bíblicos encontramos a Elí sentado en una silla. Primero, «junto al pilar del templo de Jehová». Segundo, «vigilando junto al camino». Tercero, «al lado de la puerta». Elí empieza sentado, continúa sentado y acaba sentado. A esto le podemos llamar un ministerio de silla. El Rev. José A. Caraballo en una exposición a un grupo de graduandos de Instituto Bíblico, dijo: «Elí es un ministro del cual ninguno de ustedes deben tomar su ejemplo.»

I.   El estar sentado le quitó la visión -«Y se levantó Ana después que hubo comido y bebido en Silo; y mientras el sacerdote Elí estaba sentado en una silla junto a un pilar del templo de Jehová» (1:9).

1.   Ana, una de las dos esposas de Elcana, era estéril (1:2).
     A.   Penina, la otra mujer, le había dado hijos a Elcana (1:2).

    B. Penina se convirtió en rival de Ana y la molestaba por su esterilidad (1:6).

2. En su desesperación, Ana oró a Jehová (1:9) e hizo voto de dedicar a Dios el hijo que éste le diera (1:11).
3. Elí por estar sentado en su silla no entendió lo que Ana hablaba.

    A. «... Elí estaba observando la boca de ella» (1:12).
    B. «... Elí la tuvo por ebria» (1:13).
    C. Entonces le dijo Elí: «¿Hasta cuándo estarás ebria? Digiere tu vino» (1:14).

4. Ana defendió su testimonio:

    A. «... No, Señor mío; yo soy una mujer atribulada de espíritu; no he bebido vino ni sidra, sino que he derramado mi alma delante de Jehová» (1:15).
    B. «No tengas a tu sierva por una mujer impía...» (1:16).

5. A su debido tiempo, Ana vino al templo para cumplir su voto a Jehová (1:26-28).

    A. Se identificó, «... yo soy aquella mujer que estuvo aquí junto a ti, orando a Jehová».
    B. Se alegró, «Por este niño oraba, y Jehová me dio lo que le pedí.»
    C. Se comprometió, «Yo, pues, lo dedico también a Jehová...»

II. El estar sentado lo llenó de temor -«Y cuando llegó, he aquí que Elí estaba sentado en una silla vigilando junto al camino, porque su corazón estaba temblando por causa del arca de Dios...» (4:13).

1. El contexto bíblico revela:

    A. Los filisteos que acamparon en Afec, trabaron combate con los israelitas acampados en Eben-ezer e hirieron como a cuatro mil israelitas (4:1-2).
    B. Esta derrota llevó a los israelitas a buscar el arca del pacto que estaba en Silo y la trajeron al campamento de ellos (4:3-5).
    C. Ante el ruido israelita, los filisteos supieron lo del arca y atacaron el campamento de éstos, treinta mil soldados israelitas cayeron (4:6-10).
    D. En este combate Ofni y Finees, hijos de Elí perecieron y el arca fue tomada por los filisteos (4:11).

2. El temor de Elí se debía al arca.

    A. Ésta representaba la presencia de Dios.
    B. Ésta era un símbolo de la victoria divina.
    C. Ésta, en manos de los enemigos, podía significar derrota para el pueblo de Dios.

3. La reflexión es: El hombre que siendo llamado al ministerio se sienta a mirar, el temor se apoderará de él, tarde o temprano la presencia de Dios puede dejar de tratar con él.

III. El estar sentado lo llevó a la muerte -«Y aconteció que cuando él hizo mención del arca de Dios, Elí cayó hacia atrás de la silla al lado de la puerta, y se desnucó y murió; porque era hombre viejo y pesado. Y había juzgado a Israel cuarenta años» (4:18).

1. «Elí cayó hacia atrás de la silla.»

   A. El hábito de la silla se convirtió en costumbre para Elí, y la costumbre en su destino.
   B. Por estar sentado se cayó. Un ministerio sentado lleva siempre «hacia atrás».

2. «y se desnucó y murió».

   A. Su caída fue fatal.
   B. Muchos caen y se levantan. Elí cayó y se quedó.
   C. Su muerte estaba en la silla y Elí no lo sabía.

3. «porque era hombre viejo y pesado».

   A. Estas descripciones señalan la decadencia física de Elí.
   B. En un sentido espiritual, un «hombre viejo» en el ministerio, es aquel que no tiene visión, que está estancado, que ha perdido el entusiasmo y que ha dejado de ser lo que era.
   C. La otra expresión «y pesado» es rendida en otras versiones «y gordo» (BD), «y estaba torpe» (NBE). Son muchos los líderes que se dejan poner gordos por no hacer ejercicios en el ministerio y se quedan sentados.

CONCLUSIÓN: Elí engordó sentado en la silla, hasta que al fin de ésta se cayó. El ministerio de la silla desnuca. Roguemos a Dios para que a nosotros no nos pase lo mismo que a Elí.

EL VIEJO TARÉ

«Y tomó Taré a Abram, su hijo; y a Lot, hijo de Harán, hijo de su hijo, y a Saraí, su nuera, mujer de Abram, su hijo; y salió con ellos de Ur de los caldeos, para ir a la tierra de Canaán; y vinieron hasta Harán, y se quedaron allí. Y fueron los días de Taré doscientos cinco años; y murió Taré en Harán» (Génesis 11:31-32).

INTRODUCCIÓN: Así como Abraham tuvo su Taré, el creyente tiene sus Taré. Las preguntas que debemos formularnos son: ¿Cómo me ayuda Taré en cuánto al llamado de Dios? ¿Dónde me desayudará en ese llamamiento, Taré? ¿Qué le debe de ocurrir a Taré para que Dios vuelva a renovar su llamado?

I.   El viejo Taré sacó a Abram de Ur de los caldeos:

1.   Según el testimonio de Esteban: «El Dios de la gloria apareció a nuestro padre Abraham, estando en Mesopotamia, antes que morase en Harán» (Hechos 7:2; Josué 24:2-3).

   A.   Dios se le reveló a Abraham en Mesopotamia.
   B.   El cómo de esta revelación nos es desconocido.

2.   El medio que Dios empleó para que Abraham comenzara su peregrinaje hacia su llamado fue el «viejo Taré».

3. Algunos de los Taré que Dios pone en el camino de los creyentes para dirigirlos hacia su llamamiento son:

A. Alguien que nos saque de donde estamos.
B. Alguien que nos estimule a movernos.
C. Alguna circunstancia que afecte nuestra vida.
D. Alguna puerta que se nos abra o algún reto que se nos extienda.

II. El viejo Taré estancó a Abram en Harán:

1. Prestemos atención a esta declaración: «y vinieron hasta Harán, y se quedaron allí».
2. En Harán, Abraham se estancó en su llamado.

A. Harán es un lugar por donde debemos pasar, pero no quedamos allí.
B. Harán, para muchos creyentes, representa un tiempo de esterilidad e inactividad.

3. El «viejo Taré» sacó a Abraham de Ur de los caldeos, pero en Harán le enfrió en su llamamiento.

A. Le ayudó hasta mitad del camino.
B. Le tendió la mano limitadamente.

4. Según el escritor chino Watchman Nee, Taré significa: «demora, duración».
5. El «viejo Taré» tiene a muchos cristianos estancados en:

A. La comodidad.
B. El «cójelo suave».
C. La familia es primero.

III. El viejo Taré tuvo que morir para que Abram entendiera el llamamiento de Dios:

1. Leamos con atención, «y murió Taré en Harán».

   A. Mientras Taré no muera, Harán será nuestra morada.
   B. Cuando Taré muere, resucita nuestra vida espiritual.
   C. Taré representa al «hombre viejo», «la carne», «el hombre natural».

2. Cuando Taré murió, Dios volvió a tratar con Abraham (Génesis 12:1-4).
3. Algunos de los Taré que tienen que morir en la vida de muchos creyentes que han sido llamados por Dios son:

   A. El temor al «qué dirán».
   B. El complejo de «yo no puedo».
   C. El miedo a «voy a fracasar».
   D. La excusa de «otro lo puede hacer mejor».

CONCLUSIÓN: ¿Qué te está haciendo perder tu tiempo en Harán? ¿Te llamó Dios a Harán o es tu llamado para Canaán? ¿Cuándo morirá Taré en tu vida?

«UN VIEJO PROFETA»

«Moraba entonces en Bet-el un viejo profeta, al cual vino su hijo y le contó todo lo que el varón de Dios había hecho aquel día en Bet-el; le contaron también a su padre las palabras que había hablado con el rey» (1 Reyes 13:11).

INTRODUCCIÓN: Hay lecciones prácticas que se pueden sacar de este capítulo 13 del libro de 1 de Reyes. Primero, Dios tiene varones que le dicen al pecado que es pecado. Segundo, hay quienes fueron instrumentos de Dios y ahora viven una sombra de lo que eran. Tercero, muchos creyentes rechazan el mandato de Dios por prestar oído a mensajes falsos.

I. Este «viejo profeta» había sido un instrumento de Dios:

1. El adjetivo «viejo» significa que estaba inactivo e inútil en el ministerio del Señor.
2. Dios no usó al «viejo profeta» para censurar a Jeroboam, tuvo que usar a un «varón» que envió desde Judá.
3. Por «viejo profeta» debemos pensar en alguien que:

    A. Perdió su comunión.
    B. Fue y que no es.
    C. Espiritualmente se estancó y atascó.

II. Este «viejo profeta» vivía en Bet-el pero no reaccionaba en contra del pecado presente:

216

1. El medio ambiente lo había asimilado.
2. El pecado de Jeroboam no le alarmaba (1 Reyes 12:28-33).
3. Algo andaba mal en él cuando no supo reconocer el falso culto a Dios del verdadero.
4. A Dios no se puede adorar en Bet-el y en Jerusalén. A Él se le da todo o nada. El mundo y la iglesia no se pueden ligar.
5. El que no reacciona ante el pecado es porque no conoce la mente de Dios.

III. Este «viejo profeta» engañó con un mensaje falso al «varón de Dios»:

1. Dios le había prohibido al varón de Judá comer pan o beber agua o regresar por donde había llegado a Bet-el.

    A. Éste rechazó la invitación del rey Jeroboam (1 Reyes 13:7-10).
    B. Éste rechazó la primera invitación del «viejo profeta» (1 Reyes 13:15-17).

2. El «viejo profeta» reclamó tener un mensaje de Dios para el varón de Judá (1 Reyes 13:18).
3. El que recibe un mensaje de Dios, lo debe atesorar y no cambiarlo por el que le dé cualquier «viejo profeta».

    A. Aunque éste diga, «Yo también soy profeta como tú.»
    B. Aunque sea un líder, «Mas si aún nosotros... os anunciare otro evangelio diferente del que os hemos anunciado, sea anatema» (Gálatas 1:8).
    C. Aunque sea un mensajero angelical, «Mas si...

un ángel del cielo os anunciare otro evangelio diferente del que os hemos anunciado, sea anatema» (Gálatas 1:8).

4. Este «viejo profeta» usaba sus credenciales sin renovar para afirmar lo que decía.

IV. Este «viejo profeta» fue el que después le profetizó juicio al varón de Dios:

1. El viejo profeta contribuyó a su derrota y luego le señala su falta (1 Reyes 13:21-22).
2. El varón de Dios fue matado por un león y enterrado en el sepulcro del «viejo profeta» (1 Reyes 13:31).
3. La única esperanza de este «viejo profeta» era morir y ser enterrado en el mismo sepulcro del varón de Judá.
4. Jeroboam continuó en su pecado y el «viejo profeta» calló (1 Reyes 13:33).

CONCLUSIÓN: Sé fiel a Dios, no dejes que ningún «viejo profeta» venga a robar de tu vida la bendición y el poder que Dios te ha dado. Mantente firme en lo que Dios te ha dicho y no regreses a Bet-el, no comas allí, ni tampoco bebas. Amén.

SEGUNDA PARTE

BOSQUEJOS GENERALES

11

Bosquejos generales

ACCIÓN DE GRACIAS

«Por nada estéis afanosos, sino sean conocidas vuestras peticiones delante de Dios en toda oración y ruego, con acción de gracias» (Filipenses 4:6).

INTRODUCCIÓN: Año tras año, nos unimos con la tradición cristiana-norteamericana, para dedicar particularmente un día de acción de gracias al dios que se merece un reconocimiento especial por todos los bienes que nos ha ofrecido al género humano. No sólo es el Dios de la protección, lo es también de la provisión.

I. «Por nada estéis afanosos...»

   1. La Biblia de Jerusalén rinde, «No os inquietéis por cosa alguna...»
   2. La Nueva Biblia Española lee, «No se angustien por nada...»
   3. La versión Dios Habla Hoy traduce, «No se aflijan por nada...»
   4. La palabra griega que Reina-Valera rinde «afanosos» es «merimnao», y encierra el sentido de un estado de preocupación mental y de ambivalencia emocional.
   5. El cristianismo no necesita ser confundido por las perturbaciones. Por el contrario, es exhortado a no estar afanoso.
   6. Dijo el apóstol Pedro, «echando toda vuestra ansiedad sobre él, porque él tiene cuidado de vosotros» (1 Pedro 5:7).

II. «... sino sean conocidas vuestras peticiones delante de Dios en toda oración y ruego...»

1. La oración construye el puente para que el creyente camine hasta la presencia divina con todas sus peticiones y necesidades.
2. Dios no se compromete a darnos todo lo que pedimos, pero sí dará lo que necesitamos.
3. La oración debe expresarse en un espíritu suplicante y no con una «fe» orgullosa.
4. La palabra griega para «ruego» es «deesis». En el griego este término se emplea 18 veces y se rinde como: oración, oraciones, súplica, suplicación, ruego y rogativas (Reina-Valera 1909).
5. La oración que suplica no es un lujo del creyente, sino una necesidad del alma.

III. «con acción de gracias».

1. A Dios se le da gracias en anticipación de lo que hará y por lo que ya hizo.
2. La «acción de gracias» exige una actitud completa de un creyente agradecido.
3. El término griego que se traduce «acción de gracias» es «eucaristía», y se emplea 15 veces en el original griego.

    A. Para católicos romanos y episcopales, «eucaristía» es un término que en su liturgia sacramental se refiere a la «comunión» (Cena del Señor).
    B. En Mateo 26:27, leemos: «Y tomando la copa, y habiendo dado gracias, les dio, diciendo: Bebed de ella todos.» La expresión «habiendo dado gracias» es la palabra griega «eucaristeo».

C. Por medio de la Santa Cena, el creyente hace acción de gracias al recordar el sacrificio del Cordero-Jesús y el retorno del Rey-Jesús.

ORACIÓN: Señor, con espíritu reverente y con hacinamiento de gracias, elevamos nuestra alma hasta la realidad de tu presencia, para vaciar nuestros corazones de la gratitud y el amor atesorado en los mismos. Lo que tú has hecho por nosotros con palabras no se puede expresar, pero sí con un servicio sincero y dedicado. Amén.

ACUÉRDATE DE TU CREADOR

«Acuérdate de tu Creador en los días de tu juventud, antes que vengan los días malos, y lleguen los años de los cuales digas: no tengo en ellos contentamiento» (Eclesiastés 12:1).

INTRODUCCIÓN: Este versículo es una reflexión personal de un hombre maduro, que al llegar al final de lo que él considera su jornada humana, mira retrospectivamente a la época de oro de su juventud. Su exhortación es hacia la juventud, para que éstos tengan en el corazón el lugar que a Dios corresponde.

I. «Acuérdate.»

1. Saca tiempo para Dios.
2. Ten en tu memoria las bendiciones pasadas.
3. Piensa en la manera como Dios te libró de muchas dificultades.

   A. Personales.
   B. Laborales.
   C. Familiares.
   D. Accidentales.

II. «de tu Creador.»

1. Reconoce que Dios te creó, te hizo, te dotó de todo lo que tienes.
2. Él es el que te da vida. Tú vives porque Él lo permite.

3. Si Dios es nuestro creador, entonces somos su propiedad.

   A. Hay que servirle.
   B. Hay que obedecerle.

III. «en los días de tu juventud.»

1. Ésta se vive una sola vez.
2. La juventud que se le da a Dios es la mejor y la más productiva.
3. Ser joven es uno de los más grandes tesoros.

   A. Rubén Darío, dijo: «Juventud, divino tesoro, ¡ya te vas para no volver! Cuando quiero llorar, no lloro... Y a veces lloro sin querer.»
   B. Emilio Carrere, dijo: «¡Oh, juventud, loca y florida, talismán que mana virtud! ¿Para qué querré yo la vida cuando no tenga juventud?»
   C. Alfonso De Lamartine, dijo: «Allí donde esté el corazón de la juventud, allí está el espíritu del porvenir.»
   D. La manera como se cuide este tesoro, determinará cuán rica o pobre será nuestra personalidad futura.

4. La juventud es un tiempo de inversiones personales.

   A. Si somos indisciplinados ahora, en el mañana seremos adultos sin controles.
   B. Si no amamos la educación ahora, en el futuro poco nos importará la superación intelectual.
   C. Si no buscamos el progreso ahora que está a nuestro alcance, en el porvenir estaremos encadenados al estancamiento.

5. La juventud no se debe desperdiciar.

   A. Por seguir a grupos negativos.
   B. Por no controlar los deseos... cometer un error... y tener que casarse antes de tiempo.
   C. Por separarnos de la familia y vivir sin vigilancia.
   D. Por abandonar la iglesia para entregarnos al mundo.

CONCLUSIÓN: El profeta Daniel y sus tres amigos Ananías, Misael y Azarías son ejemplos de jóvenes que siempre se acordaron de Dios. El éxito en su vida de adultos se debió a la entrega personal que hicieron a Dios. Amén.

BERNABÉ EL OBRERO

«Había entonces en la iglesia que estaba en Antioquía, profetas y maestros: Bernabé, Simón, el que se llamaba Níger, Lucio de Cirene, Manaén, el que se había criado junto con Herodes, el tetrarca y Saulo. Ministrando éstos al Señor, y ayunando, dijo el Espíritu Santo: Apartadme a Bernabé y a Saulo para la obra a que los he llamado. Entonces, habiendo ayunado y orado, les impusieron las manos y los despidieron» (Hechos 13:1-3).

INTRODUCCIÓN: Para el mensaje de esta ocasión estaremos considerando a Saulo, aunque el énfasis mayor lo estaremos dando a Bernabé. Personalmente, no abrigo ningún prejuicio en emplear el nombre de Saulo, aunque hay predicadores que son de la opinión de que Saulo habla de la vida anterior del apóstol y Pablo de su vida posterior. No obstante, las Sagradas Escrituras no hacen tal distinción; por el contrario, Saulo es su nombre hebreo y Pablo su nombre latino o romano; cosa muy común en los días veterotestamentarios.

I.   Bernabé recomendó a Saulo como obrero (Hechos 9:26-29).

   1.   Tres hombres fueron instrumentos en la formación ministerial de Saulo:

      A.   Esteban, en su martirio cuando oró (Hechos 7, 8:1-3). Jamás Saulo pudo borrar de su memoria aquella poderosa oración.

229

B. Ananías que lo perdonó y oró por él (Hechos
      9:10-17).
   C. Bernabé que lo introdujo a los apóstoles.

2. Bernabé visualizó en Saulo algo especial.

   A. *Aceptó su conversión.* No dudó ni por un mo-
      mento que Saulo realmente había cambiado su
      corazón.
      Esto me recuerda a David Wilkerson, el cual
      ni por un momento dudó de la conversión del
      joven pandillero newyorkino Nicky Cruz.
   B. *Creyó en el potencial que Saulo tenía.* Aquel
      celo religioso canalizado por las manos del Se-
      ñor Jesucristo, haría de Saulo un gran diri-
      gente.
   C. Creo firmemente que un individuo que en el
      mundo era un líder, cuando se convierte y se
      pone en las manos de Dios llegará a ser un lí-
      der cristiano.

3. Bernabé no se prejuició por el pasado de Pablo.

   A. Hay creyentes que dicen de algunos recién
      convertidos: «A ése le doy unos cuantos meses
      en la iglesia.» Eso es jugar a Dios.
   B. Para Dios, el pecado es pecado. No hay peca-
      dos grandes y pecados pequeños. La sangre de
      Cristo limpia de todo pecado (1 Juan 1:7).

II. Bernabé ayudó a Saulo a dar los primeros pasos en el
    ministerio (Hechos 11:22-26).

1. La iglesia de Jerusalén, la única existente hasta ese
   momento, recibió noticias de que un gran avivamiento estaba desarrollándose en la ciudad de Antioquía.

230

2. La iglesia de Jerusalén envió a Bernabé en la misión de ir hasta Antioquía y de investigar lo que estaba ocurriendo (verso 22).

A. Era responsable.
B. Era obediente.
C. Era dispuesto.

3. En Hechos 11:24 se nos dan tres descripciones del obrero Bernabé:

A. «Porque era varón bueno.» Era bueno en todos los aspectos, tanto morales como espirituales. La expresión «varón bueno» equivale a la expresión de latinoamérica «buena gente».
B. «Y lleno del Espíritu Santo.» Aquellos que son llenos del Espíritu Santo viven consagrados y santificados. Ser bueno y estar vacío del Espíritu Santo no conduce a ningún lugar en el ministerio. Un ministro vacío del Espíritu Santo no tiene nada que ofrecer a un pueblo necesitado.
C. «Y de fe.» Un ministro sin fe es una contradicción teológica. Los que ministran deben tener fe. La vida cristiana es una de fe. La fe excede los límites de la razón y acepta lo que la lógica no comprende.

4. Desde que Saulo había sido recomendado al círculo de los apóstoles, habían transcurrido nueve años.

A. Nada concreto sabemos sobre esos años. Cualquier opinión sería una simple conjetura.
B. Pero Bernabé solicita la ayuda de Saulo que a la sazón vivía en Tarso, su ciudad de origen (Hechos 11:25).

C. Admiro aquellos ministros que pueden ayudar a otros en sus metas ministeriales. Bernabé no tenía celo hacia Saulo, nunca pensó que éste le quitaría el ministerio, vio en él una ayuda.

III. Bernabé compartió el ministerio con Saulo en Antioquía (Hechos 13:1-4).

1. Allí predicaban y enseñaban juntos en unión a otros obreros.

B. No menoscababa a aquellos que el Espíritu Santo estaba formando dentro del seno de la congregación.
C. Notemos que el ministerio de la predicación se integraba al de la enseñanza. Una iglesia que sólo predica y no enseña no goza de balance doctrinal.

2. Allí cultivaban su vida espiritual.

A. Notemos la expresión «Ministrando éstos al Señor» (RV-1960). La revisión Reina-Valera de 1977, traduce: «Mientras estaban éstos celebrando el culto del Señor.»
B. En medio de un bendecido culto, ellos fueron llamados para un ministerio misionero. Bernabé y Saulo habían hecho de la congregación de Antioquía, su iglesia. Es contradictorio que en nuestros días, tantos evangelistas y aún líderes cristianos no sean miembros de ninguna congregación. Ese tipo de ministerio errante y sin compromiso no debe ser endosado por ninguna congregación.
C. No sólo daban culto al Señor, ellos creían en la práctica del ayuno. Los ministros poderosos

han sido aquellos que practican la oración y el ayuno.

3. Allí fueron separados, ungidos y enviados.

   A. Da pena decirlo, pero en nuestros días esos ungimientos a nivel denominacional y conciliar han sido ultrajados por personas que fundan pequeñas organizaciones y ungen a cualquiera.
   B. Bernabé y Saulo no se proclamaron ministros por su propia voluntad. Fue el Espíritu Santo el que dijo: «Apartadme a Bernabé y a Saulo para la obra a que los he llamado.»

IV. Bernabé y Saulo fueron miembros del concilio de Jerusalén (Hechos 15).

1. Ambos tenían la misma postura teológica en relación con los gentiles.

   A. Hoy día encontramos concilios divididos en sus posturas dogmáticas. Unos pastores con sus congregaciones practican una cosa y otros no.
   B. En vez de Bernabé y Saulo estar peleando el uno con el otro, estaban unidos en un solo propósito.

2. En el concilio de Jerusalén presentaron su resolución.
3. El resultado de la asamblea, después de un caluroso debate, expresado por el presidente Santiago, le dio paso a la resolución de ellos.

   A. Esa resolución se puso en vigor. En las conferencias anuales de muchos concilios, se presentan resoluciones por el comité escogido, se discuten y finalmente se vota por las mismas. La más de las veces, no se hace nada por llevarlas   al cumplimiento.

B. Nuestros líderes deben simplificar las reglas parlamentarias de tal manera que las asambleas puedan participar sin temor a la coersión o que la mesa esté monopolizada por dos o tres expertos de las reglas, que a fin de cuentas, lo que están haciendo es obstaculizar el desarrollo de la obra de Dios.

V. Bernabé y Saulo tuvieron su desacuerdo (Hechos 15:37-41).

1. Por causa del sobrino de Bernabé, llamado Marcos, éste y Saulo se separaron.

A. Por una insignificancia, dos gigantes de Dios toman direcciones opuestas.

B. Soy líder de una organización religiosa, sé que es inevitable el desacuerdo en un punto u otro con alguno de los obreros que dirijo. Pero el que no compartamos la misma idea o que discrepemos en algún plan o decisión, no significa que nos debamos separar.

2. Bernabé y Saulo jamás volvieron a unirse.

A. Todo porque Saulo no quiso dejar a Marcos que les acompañara en un viaje misionero, lo cual no le gustó a Bernabé.

B. Bernabé puso a su familia por encima de los intereses ministeriales, lo cual considero que es incorrecto. En aquel momento Marcos no

tenía la experiencia ni la capacidad para el trabajo misionero.

3. Finalmente, Marcos probó ser de ayuda a Saulo
(Colosenses 4:10; Filemón 24; 2 Timoteo 4:11).

   A. Saulo no tenía nada en contra de Marcos. En
el momento del Señor, ambos se unieron para
trabajar por la misma causa.
   B. Hay hermanos que se enojan cuando no se les
quiere usar en cierta capacidad. La razón es
que su momento no ha llegado. Lo que tienen
que hacer es esperar...

ORACIÓN: Señor, te doy gracias por todos los obreros
que Tú has llamado a militar en las filas del evangelio. Úsa-
nos en la capacidad de Tu Santo Espíritu para ejercer con toda
integridad el ministerio que nos has dado. Amén.

Mensaje predicado en la trigésima octava conferencia del Concilio Internacional de Iglesias Pentecostales de Jesucristo Inc., en
Queens, el día 15 de Junio de 1985.

DECIDIDOS

«Había a la entrada de la puerta cuatro hombres leprosos, los cuales dijeron el uno al otro: ¿Para qué nos estamos aquí hasta que muramos?» (2 Reyes 7:3).

INTRODUCCIÓN: Muchos logros, metas y bendiciones en la vida del creyente dependen de decisiones que se toman. En la anécdota de los cuatro leprosos (2 Reyes 7) encontramos a cuatro hombres decididos que se sobreponen a las circunstancias y triunfan.

I.   Los cuatro leprosos tienen que tomar una decisión, «¿Para qué nos estamos aquí hasta que muramos?» (verso 3).
    Hay decisiones que son para la vida y otras para la muerte, el hombre es quien escoge.

   1.   La ciudad representaba una decisión de muerte.

      A.   «Si tratáremos de entrar en la ciudad, por el hambre que hay en la ciudad moriremos en ella» (verso 4).
      B.   En la ciudad sus necesidades no se podían suplir.
      C.   La ciudad no los quería por ser leprosos.

   2.   El lugar donde estaban, representaba una decisión de inseguridad o inactividad.

A. «y si nos quedamos aquí, también moriremos» (verso 4).
B. Hay decisiones que nos impiden progresar.
C. Quedarse en donde estaban era ser indiferentes a la bendición que Dios les tenía oculta.

3. El campamento de los sirios representaba incertidumbre.

A. «... si ellos nos dieren la vida, viviremos; y si nos dieren la muerte, moriremos» (verso 4).
B. Salir de donde estaban y llegar a donde querían era una aventura de fe.
C. Hay decisiones que hay que tomar para Dios aunque no las entendamos.
Si son de Dios, las incertidumbres se transformarán en certidumbres.

II. Los cuatro leprosos son bendecidos, «Cuando los leprosos llegaron a la entrada del campamento, entraron en una tienda y comieron y bebieron, y tomaron de allí plata y oro y vestidos...» (verso 8).

1. Dios se encargó de hacer huir a los sirios (verso 6).
2. Dios les preparó el ambiente, pero ellos tuvieron que entrar y reclamar.
3. Dios bendice sin medidas, el hombre es quien limita las bendiciones de Dios.
4. Dios suple toda clase de necesidad.

III. Los cuatro leprosos se sienten llamados a ayudar, «Hoy es día de buena nueva y nosotros callamos... entremos y demos la buena nueva en casa del rey» (verso 9).

1. No fueron egoístas con su bendición.

237

2. No se olvidaron de aquellos que estaban en la ciudad muriéndose.
3. No se hicieron los sordos al llamado y ministerio de ayudar.
4. No se preocuparon por su propio futuro, sino que pensaron en el presente de otros.

ORACIÓN: Señor, dirígenos a tomar aquellas decisiones que sean para la vida y no para la muerte, para ser bendecidos y no para ser atribulados, para ayudar y no para desayudar. Amén.

DELEITÁNDONOS EN EL NUEVO AÑO

«Pon asimismo tu delicia en Jehová, y él te concederá las peticiones de tu corazón» (Salmo 37:4, RV-1977).

INTRODUCCIÓN: Este nuevo año, al igual que los anteriores y los posteriores, se caracterizará por las muchas paradojas: para muchos será bueno, para otros malo; algunos experimentarán victorias, otros derrotas; la tristeza y la alegría harán su aparición; se alcanzarán metas y se dejarán de realizar muchos propósitos trazados. A fin de cuentas, no son las paradojas que se manifiesten durante este nuevo año, sino la actitud que nosotros asumamos ante el mismo. Más que un nuevo año debe ser un nuevo yo, un nuevo usted y un nuevo nosotros. Las reflexiones que quiero compartir con usted son las siguientes:

I.   La primera reflexión es depositándonos en Dios -«Pon asimismo...»

   1.   Una entrega absoluta y completa en la persona y en el carácter del Creador será la mayor garantía para tener un nuevo año especial.
   2.   El depositarnos en Dios, demanda de nuestra parte una plena confianza en sus promesas.

      A.   Algunos predicadores afirman que en las Sagradas escrituras encontramos unas seis mil promesas. Otros declaran que son mil seiscientas.

B. Yo, personalmente, nunca las he contado, ni tampoco creo que lo vaya a hacer. Pero sí puedo decirte que, a lo largo de toda la Biblia, desde Génesis hasta Apocalipsis corre un río largo, ancho y profundo de todas las promesas divinas que son para el pueblo de los santos y para la nación de Israel. Las promesas para la Iglesia son mayores que para Israel.

3. Las promesas de Dios comprometen su carácter divino. Lo que Dios promete, Él lo cumplirá.

A. En Números 23:19, leemos: «Dios no es hombre, para que mienta, ni hijo de hombre para que se arrepienta. Él dijo, ¿y no hará? Habló, ¿y no lo ejecutará?»
B. En Tito 1:2, leemos: «... Dios, que no miente, prometió...»

4. Por medio de las promesas divinas Dios se pone a nuestro favor.
5. El depositarnos en Dios demanda todo de nosotros. No lo que nos sobra o lo que es fácil o lo que nos da la gana. Aun nosotros mismos debemos ser un «sacrificio vivo, santo, agradable» (Romanos 12:1).

II. La segunda reflexión es deleitándonos en la presencia y comunión con Dios -«... tu delicia en Jehová...»

1. La palabra «delicia» significa «placer muy intenso».

A. El deleitarse es una manera de conquistar placer, gozo, alegría, felicidad, estado de ánimo y el sentirnos bien.

B. El ser humano busca la manera de deleitarse en muchas cosas.

C. Si la delicia proviene de estas cosas y no tiene sus raíces en la soberanía de Dios, no se puede tener satisfacción total.

D. Busca a Dios y gozarás de mucha delicia en este nuevo año.

2. ¿Cómo podemos deleitarnos en Jehová?

A. *Hay que deleitarse orando.* El nuevo año nos ofrecerá muchas posibilidades para orar. La oración es el máximo privilegio que cualquier ser humano pueda tener. Por medio de este sencillo pero significativo ejercicio entramos a la dimensión del Espíritu.

B. *Hay que deleitarse dando gracias por todo y en todo a Dios.* Aunque una tormenta de pruebas y necesidades con sus vientos y fuertes aguaceros amenace nuestras vidas. ¡Deléitate en Jehová!

C. *Hay que deleitarse buscando el calor de los hermanos.* La comunidad de los santos, ofrece un fuerte apoyo espiritual (Hebreos 10:25; Cantares 1:7). No se puede ser un creyente bendecido tratando de servirle al Señor privadamente, sin compromisos eclesiásticos y desarticulados de toda responsabilidad congregacional. No te quedes en tu casa, ¡ven al templo a servirle al Señor y podrás deleitarte!

III. La tercera reflexión es contando las bendiciones de Dios -«... y Él te concederá las peticiones de tu corazón».

1. No cuentes las pruebas, cuenta las bendiciones; no

cuentes las derrotas, cuenta las bendiciones; no cuentes las tragedias, cuenta las bendiciones; no cuentes las debilidades, cuenta las bendiciones.

2. Las bendiciones de Dios se descubren en la sonrisa de un niño; en una palabra de consuelo; en un consejo recibido; en una visita pastoral; en un sermón ungido por el Espíritu Santo; en un abrazo fraternal... ¡Cuenta las bendiciones de Dios!

3. La raza humana presenta una dicotomía antropológica:

A. Los optimistas y los pesimistas.
B. Los vencedores y los perdedores.
C. Los que intentan hacer algo y los que nunca tratan de hacer nada.
D. Los que se arriesgan para triunfar y los que le temen al fracaso y nunca intentan nada.
E. Los que creen en las posibilidades y los que piensan en imposibilidades.
F. Los que cuentan las bendiciones de Dios y los que nunca las cuentan.

CONCLUSIÓN: Quiero compartir con usted la «Receta para un feliz Año Nuevo» según la leí en el libro «Fe para nuestros días» (Asociación Casa Editora Sudamericana, página 5) por el escritor Roberto H. Pierson.

«Tómense doce buenos meses: téngase cuidado de que estén plenamente libres de todos los antiguos recuerdos de amargura, rencores, odios y celos. Límpieselos completamente de todo resentimiento que esté adherido a ellos; extráiganseles todas las manchas de mezquindad y pequeñez; en resumen, téngase cuidado de que estos meses estén totalmente libres del pasado...

Divídase cada uno de estos meses en 30 ó en 31 partes iguales, con excepción del segundo, que habrá de dividirlo en 28. No trate de preparar la receta del año de una sola vez (muchos echan a perder el caldo al proceder de este modo), sino prepáreselo cada día a la vez de la siguiente manera:

Póngase en cada día doce partes de fe, once de paciencia, diez de valor, nueve de trabajo (algunos omiten este ingrediente y echan a perder el sabor de todo el resto), ocho de esperanza, siete de lealtad, seis de generosidad, cinco de amabilidad, cuatro de descanso (si se deja de lado este ingrediente es como si no pusiera aceite a la ensalada; no lo haga), tres de oración, dos de meditación y una de resolución bien seleccionada. Añádasele a todo esto una pizca de alegría, otra de juego, y una cucharada bien llena de buen humor.

Agréguesele a toda la mezcla amor a gusto, y mézclesele todo con brío. Cocínese con corazón ardiente, adórneselo con sonrisas y una pizca de regocijo, y sírvaselo con tranquilidad, abnegación y alegría, y ciertamente se tendrá un feliz año nuevo.»

DESVISTIÉNDONOS Y VISTIÉNDONOS

·«En cuanto a la pasada manera de vivir, despojaos del viejo hombre, que está viciado conforme a los deseos engañosos, y renovaos en el espíritu de vuestra mente, y vestíos del nuevo hombre, creado según Dios en la justicia y santidad de la verdad» (Efesios 4:22-24).

INTRODUCCIÓN: El libro de Efesios según el Dr. Scofield se divide en cuatro partes: 1ª: Salutación (versículos 1 y 2); 2ª: posición del creyente en la gracia (1:3-3:21); 3ª: conducta y servicio del creyente, como uno que está en Cristo y posee el Espíritu de Dios (4:1-5:17); 4ª: conducta y conflicto del creyente lleno de espíritu (5:18-6:24).

Efesios 4:17-32 describe la conducta del creyente como uno que ha tenido una experiencia con Cristo. Esa experiencia se demuestra mediante la revelación del nuevo hombre. Este nuevo hombre ha sido regenerado y participa de la naturaleza divina y comparte la vida de Dios.

I. «Despojaos del viejo hombre.»

1. El viejo hombre representa lo carnal, lo no santificado.

2. El viejo hombre vive conforme a los rudimentos del mundo.

3. El viejo hombre es la naturaleza y el deseo pecaminoso que domina.

4. El viejo hombre se menciona en los siguientes pasajes bíblicos:

A. «Sabiendo esto, que nuestro viejo hombre fue crucificado juntamente con él, para que el cuerpo del pecado sea destruido, a fin de que no sirvamos más al pecado» (Romanos 6:6).

B. «No mintáis los unos a los otros, habiéndoos despojado del viejo hombre» (Colosenses 3:9).

5. La palabra griega que se traduce «despojaos» es «apotheothai» y significa literalmente deshacerse o desnudarse. La idea es que el viejo hombre, vieja naturaleza o viejo ser, tiene que ser sacado de la presente conducta y modo de vida del cristiano.

6. El viejo hombre se despoja con la gracia de Dios, el poder del Espíritu Santo y la fe que Dios produce en el creyente.

II. «y renovaos en el espíritu de vuestra mente».

1. Un escritor ha dicho: «Nuestro espíritu liberado del dominio del viejo hombre, no usará nuestra mente en nada que apoye a éste, pues buscará en el pensamiento y en el deseo sólo lo que es nuevo, lleno de bendición y salvación» (R. C. H. Lenski).

2. La mente está en guerra con el pasado y el futuro, produciendo el uno o el otro o ambos, una tensión en el presente.

A. El pasado atormenta con las culpas, las amargas experiencias y saca a la superficie de nuestra mente aquellas cosas que tratamos de enterrar en nuestro subconsciente.

B. El futuro preocupa y atemoriza con las incertidumbres. El ¿qué será? ¿Qué haré? ¿Qué pasará? son interrogantes que, como gigantes, están delante de nosotros.

3. La manera de cómo pensamos debe de estar bajo el control del Espíritu Santo.

A. Una mente negativa expresa pesimismo y es enemiga de los altos ideales humanos.
B. Una mente depravada por las pasiones, lleva a la corrupción sexual y destruye los valores morales.
C. Una mente indisciplinada por malos hábitos, le resta al ser humano el potencial de ofrecer una buena contribución social.
D. Una mente cerrada por las dudas le impide al creyente vivir una vida cristiana victoriosa.

III. «y vestíos del nuevo hombre».

1. Scofield declara, «El nuevo hombre es Cristo "formado" en el creyente.»
2. En Gálatas 4:19 leemos: «Hijitos míos, por quienes vuelvo a sufrir dolores de parto, hasta que Cristo sea formado en vosotros.»

A. Cristo debe nacer en el creyente.
B. Cristo debe crecer en el creyente.
C. Cristo debe madurar en el creyente.

3. El nuevo hombre no es una reforma o mejoría del viejo hombre, tiene que ser una creación y copia de Dios.
4. El nuevo hombre revela en el creyente:

A. Una transformación de su antigua manera de ser.
B. Una santificación de su carácter.
C. Una manera de conducirse y tratar a los demás.

5. Sólo se puede vestir del nuevo hombre el que se ha desnudado del viejo hombre.

ILUSTRACIÓN: Se cuenta de dos amigos que crecieron juntos, fueron a la misma escuela… pero un día no se vieron más. Uno de ellos se convirtió en un acaudalado comerciante, el otro en un alcohólico digno de conmiseración. Un día, el amigo acaudalado es llevado por su chófer a través de un suburbio en la ciudad. Allí éste descubrió a su antiguo amigo tras aquel rostro escondido en el sufrimiento.

Le invitó a subir a su lujoso automóvil, lo llevó a su gran mansión y entrándolo a su cuarto, puso a su alcance las mejores ropas. Momentos después salía de aquel cuarto hecho un hombre nuevo.

Se sentaron a la mesa, delante tenían un rico manjar. El amigo acaudalado llamó a su criado y le dijo muy privadamente: «Investigue de dónde está saliendo un mal olor.» El criado inspeccionó todo y la causa del olor se desconocía. Después de buscarse tanto, el acaudalado entra en sospechas de su amigo. Se decía para sí mismo, «No puede ser él. Lo veo bien vestido.»

– «Amigo, perdone, pero creo que ese mal olor sale de usted. ¿Se bañó y se quitó las ropas malolientes que tenía?»

– «Tengo que admitir», comenzó diciendo aquel visitante, «que me vestí sin quitarme mis ropas de pordiosero, porque no sabía si después tenía que volver a donde estaba.»

Así como aquel pordiosero, hay muchos creyentes que quieren vestirse del nuevo hombre, pero debajo continúan teniendo las vestiduras del viejo hombre. Aunque se ven limpios, huelen mal.

EDIFICANDO
EN MEDIO DE LA OPOSICIÓN

«Edificamos, pues, el muro y toda la muralla fue terminada hasta la mitad de su altura, porque el pueblo tuvo ánimo para trabajar» (Nehemías 4:6).

INTRODUCCIÓN: Toda buena obra que se emprenda para Dios, se expone a la crítica. El verdadero líder es objeto de escarnio, de la burla, de la oposición. Pero como dijo Charles R. Swindoll: «Los buenos dirigentes tienen la piel dura.»

I.   La oposición siempre estará presente en toda buena obra (Nehemías 4:1-4).

1.   El trabajo de Nehemías no era muy espiritual, tenía que dirigir la construcción del muro de Jerusalén.
2.   A medida que la obra progresaba, la oposición se acrecentaba.
3.   Sanbalat era un crítico que se oponía al cambio, al crecimiento y todo lo que pudiera tener éxito.
4.   Tobías, el amonita, también se unió a Sanbalat.

II. La oración fue la defensa de Nehemías (Nehemías 4:4-6).

1.   Él libró su batalla de rodillas.
2.   Él no combatió el fuego con fuego, sino con agua.
3.   Él, como David, sabía: «Porque de Jehová es la ba-

talla, y él os entregará a nuestras manos» (1 Samuel 17:47).

4. El efecto de esta oración fue positivo: «Edificamos, pues, el muro, y toda la muralla fue terminada hasta la mitad de su altura, porque el pueblo tuvo ánimo para trabajar» (verso 6).

III. La oposición engendró más oposición (Nehemías 4:7-9).

1. Leemos de Sanbalat, de Tobías y de otros «... porque ya los portillos comenzaban a ser cerrados, se encolerizaron mucho».

2. La oposición se transformó en conspiración (verso 8).

3. Nehemías contrarresta esta oposición de ira «orando» y «velando» (verso 9).

IV. La oposición produce desánimo en el pueblo de Dios (Nehemías 4:10-12).

1. Nótese esta expresión, «... y no podemos edificar el muro».

2. El miedo se apoderó de ellos (verso 11).

3. Comenzaron a perder la visión en cuanto a la obra (verso 11).

4. En su desánimo escuchaban a los faltos de fe (verso 12).

V. El animar fue otro recurso que Nehemías empleó contra el desánimo (Nehemías 4:14-23).

1. Un pueblo se anima cuando se organiza (verso 13).

2. Un pueblo se anima cuando se le predica con ánimo (verso 14).

3. Un pueblo se anima cuando es exhortado a la unión (versos 18-20).

CONCLUSIÓN: los enemigos de la obra de Dios nunca faltarán. Sanbalat y Tobías estarán confabulados para producir efectos negativos en la obra a la cual Dios ha llamado. De Nehemías aprendamos que la oración, la fe más el ánimo, cavan una trinchera contra la oposición. Amén.

EL CREYENTE CALENTÁNDOSE CON LOS PECADORES

«Y estaban en pie los siervos y los alguaciles que habían encendido un fuego; porque hacía frío, y se calentaban; y también con ellos estaba Pedro en pie, calentándose» (Juan 18:18).

INTRODUCCIÓN: Es muy probable que el «otro discípulo» que con Pedro seguía a Jesús fuera Juan, el teólogo (Juan 18:15). Se dice que era «conocido del sumo sacerdote»y por medio de él, Pedro entró al patio del sumo sacerdote (Juan 18:16). Pedro negó a Jesús ante la criada portera (Juan 18:17); ante el grupo con el cual se estaba calentando (Juan 18:25); y ante un familiar de Marcos al que él le cortó la oreja (Juan 18:26-27). Luego leemos en el texto, «y en seguida cantó el gallo» (Juan 18:27).

Según William Barclay, el canto del gallo debe referirse a la tercera guardia que se cambiaba a las tres de la mañana. Se le conocía como «gallinacium» (latín) o «alektorophonia» (griego). El canto del gallo no era otra cosa sino un toque de trompeta. Antes que la trompeta sonara a esa hora, Pedro había negado al Señor tres veces.

Así como Pedro se estuvo calentando entre pecadores, no testificando de Cristo, imitando a los pecadores y negando al Señor, muchos creyentes hacen lo mismo.

I. El creyente se calienta con el pecador no testificándole de Cristo:

1. Hay que decir lo que Cristo fue y es.
2. Hay que compartir con otros lo que Cristo ha hecho en nosotros.
3. Hay que hablarle al pecador de lo que Cristo desea hacer en su vida.
4. Hay que presentarle al hombre el camino de la salvación y sus demandas.

II. El creyente se calienta con el pecador imitándole:
1. En sus chistes y bromas pesadas.
2. En sus fechorías y engaños.
3. En sus sugerencias que desagradan a Dios.
4. En hacerle favores que perjudican su carácter cristiano.

III. El creyente se calienta con el pecador negando a Cristo:
1. En la manera de hablar.
2. En cosas que ha hecho.
3. En la conducta para con los demás.
4. En la actitud que expresa,

A. Culpa a los demás por sus fracasos.
B. Se enoja con quien no tiene nada que ver.
C. Se aira sin razón.
D. Discute sin tomar en cuenta la sensibilidad de otros.

CONCLUSIÓN: En Mateo 26:75 leemos sobre Pedro, «Y saliendo fuera, lloró amargamente.» Pedro reconoció que no podía seguir calentándose en medio de pecadores. Él tenía que salir fuera de ese grupo y llorar delante de la presencia de Dios. Aunque el «fuego encendido» por los pecadores nos haga sentir bien, el Señor desea que nos separemos de ellos, y que no nos calentemos. Amén.

EL GOZO CRISTIANO

«Regocijaos en el Señor siempre. Otra vez digo: ¡regocijaos!» (Filipenses 4:4).

«Alegraos en el Señor siempre; de nuevo lo digo: ¡alegraos!» (NVI).

INTRODUCCIÓN: El tema central de la epístola a los Filipenses es el «gozo». Es una epístola nacida en un contexto de aprisionamiento al igual que Efesios, Colosenses y Filemón. Según Scofield, Cristo es la causa del gozo cristiano que se manifiesta «en medio del sufrimiento» (1:1-30); «en el servicio humilde» (2:1-30); «a pesar de las imperfecciones» (3:1-21); y «por encima de la ansiedad» (4:1-23). La palabra «gozo» con sus variaciones se cita en Filipenses 1:4; 2:2, 17, 18; 3:1; 4:1, 4, 10.

I. El imperativo -«Regocijaos»

1. Es un beneficio propio:

    A. El gozo nos ofrece un mejor entendimiento de nosotros mismos.
    B. El gozo nos brinda un enfoque más positivo de la vida.
    C. El gozo nos permite ser seres humanos completos.

2. Es un estímulo a otros creyentes:

    A. El gozo estimula la fe de otros.
    B. El gozo produce una atmósfera de felicidad en los demás.
    C. El gozo imparte un sentido de autoapreciación en nuestros hermanos en la fe.

3. Es un imán que atrae a los inconversos:

    A. El gozo cristiano testifica de la dulzura de Cristo.
    B. El gozo del creyente toca las vidas de su prójimo.

II. La base -«en el Señor»

1. Dependiendo del Señor.
2. Buscando su presencia.
3. Viviendo para Él.
4. Estando en comunión con Cristo.

III. La perseverancia -«Otra vez digo: ¡regocijaos!»

1. En el sufrimiento, regocíjate en la paz interna que Dios te da.
2. En la necesidad, regocíjate en la provisión divina.
3. En la soledad, regocíjate en la compañía de los ángeles de Dios.
4. En la desesperación, regocíjate en la intervención del Espíritu Santo.
5. En la enfermedad, regocíjate en las promesas sanadoras de la Biblia.
6. En la tribulación, regocíjate aunque no la entiendas.

ILUSTRACIONES: El Rvdo. Mathew Henry dijo en su lecho de muerte a su amigo señor Ledge:

«Tú que has tenido cuidado en escribir los dichos de moribundos, escribe el mío: Una vida gastada en el servicio de Dios y la comunión con Él es la vida más grata y feliz que cualquier persona puede vivir en este mundo.»

(Samuel Vila, Enciclopedia de Anécdotas)

En su libro «Es posible», el doctor Robert Schuller cita el testimonio de una joven que había quedado ciega:

«Ahora van a ser dos años desde que perdí mi vista. ¿Sabe lo que he descubierto? He encontrado que la mayoría de los pensamientos de infelicidad vienen por ver. Antes de mi accidente, veía mujeres vistiendo ropas costosas, y me sentía insatisfecha con lo que yo tenía. Me daba cuenta de la gente bien parecida, y me sentía infeliz con mi propia apariencia. Entonces esto me vino. La mayoría de los pensamientos que producen gozo en la mente de las personas le vienen en la oscuridad. Tú cierras los ojos cuando besas a un ser querido. Tú cierras los ojos cuando escuchas música suave. Tú cierras los ojos cuando hablas con Dios. Yo no necesito realmente ver para gozar la vida.»

EL PECADO DE LA PRESUNCIÓN

«Preserva también a tu siervo de las soberbias (presumptuos sins, KJ); que no se enseñoreen de mí; entonces seré íntegro, y estaré limpio de gran rebelión» (Salmo 19:13).

INTRODUCCIÓN: Este versículo señala dos grandes pecados. El primero es la presunción, «Preserva también a tu siervo de las soberbias.» El segundo es la rebelión, «y estaré limpio de gran rebelión». Tanto la presunción o soberbia como la rebelión son pecados de desobediencia a Dios.

La desobediencia en ambos pecados se ve de esta manera: En la rebelión el hombre «no hace lo que Dios le ha mandado que haga». En la presunción el hombre «hace lo que Dios no le ha mandado que haga».

I.   Nadab y Abiú cometieron este pecado al ofrecer fuego extraño delante de Jehová:
     «Nadab y Abiú, hijos de Aarón, tomaron cada uno su incensario, y pusieron en ellos fuego, sobre el cual pusieron incienso, y ofrecieron delante de Jehová fuego extraño, que él nunca les mandó. Y salió fuego de delante de Jehová y los quemó y murieron delante de Jehová» (Levítico 10:1-2).

     1.   Nadab y Abiú trataron de agradar al Señor, pero su deseo los llevó a hacer lo que Dios no había pedido. Ellos entendieron la voluntad de Dios a su manera.

2. Ofrecer «delante de Jehová fuego extraño», por mejor que nos parezca es, pecado. Sin embargo, en el culto y en el ministerio a Dios muchos creyentes están ofreciendo «fuego extraño».

   A. Ese «fuego extraño» puede ser nuestro carácter voluntarioso.
   B. Ese «fuego extraño» puede ser un deseo de la carne y no del espíritu.
   C. Ese «fuego extraño» es hacer las cosas a nuestra manera y no como Dios lo demanda.

3. Notemos la expresión, «que él nunca les mandó».

   A. Es pecado decir lo que Dios no nos ha mandado decir.
   B. Es pecado hacer lo que el Señor no nos ha mandado hacer.
   C. ¿Estaremos haciendo algo para Dios que Él no nos ha mandado?

LECCIÓN: Aunque las intenciones sean buenas, si no están dentro de la voluntad de Dios son pecado.

II. Saúl cometió este pecado al ofrecer holocausto a Dios: «Entonces dijo Saúl: Traedme holocausto y ofrendas de paz. Y ofreció el holocausto» (1 Samuel 13:9).

1. Cualquiera justificaría la acción de Saúl, pero Dios la vio como presunción.
2. Saúl tenía que esperar en Gilgal a Samuel por espacio de siete días: «... Espera siete días, hasta que yo venga a ti y te enseñe lo que has de hacer» (1 Samuel 10:8).
3. El día séptimo, como Samuel no llegaba, Saúl tomó la iniciativa de él mismo, ofrecer el holocausto a Dios (1 Samuel 13:8).

A. No bien terminó de ofrecer el holocausto, Samuel que llegó (1 Samuel 13:10).
B. Presentó tres excusas el profeta para justificar su acción: la deserción del pueblo, la demora del profeta y el ejército filisteo (1 Samuel 13:11).

4. Saúl había sido presuntuoso. Notemos las expresiones: «Me dije... Me esforcé, pues, y ofrecí holocausto» (1 Samuel 13:12).
5. El pecado de presunción de Saúl, hizo que Dios lo sustituyera por «un varón conforme a su corazón» (1 Samuel 13:14).

LECCIÓN: No permitamos que por ser ligeros e impacientes caigamos en el pecado de la presunción. Aunque parezca que Dios no llegará, esperemos porque a su tiempo llegará, aunque «sea tarde».

III. Uza cometió este pecado al tratar de sostener el arca: «Cuando llegaron a la era de Nacón, Uza extendió su mano al arca de Dios, y la sostuvo; porque los bueyes tropezaban. Y el furor de Jehová se encendió contra Uza, y Dios le hirió allí por aquella temeridad, y cayó allí muerto junto al arca de Dios» (2 Samuel 6:6-7).

1. Dios supo proteger el arca cuando cayó en manos de los filisteos (1 Samuel 5 y 6).
2. Los filisteos le devolvieron el arca a Israel sobre un carro tirado por dos vacas.

A. Ésta llegó a su destino sin caerse.
B. Leemos de las vacas: «Y las vacas se encaminaron por el camino de Bet-semes, y seguían camino recto, andando y bramando, sin apartarse ni a derecha ni a izquierda» (1 Samuel 6:12).

3. El hecho de que David permitiera que el arca fuera llevada en un carro tirado por bueyes y no por los sacerdotes, era en sí desobediencia.

    A. El castigo que quizá le tocaría a David, Uza lo recibió por entrometido.
    B. Uza, queriendo hacer un bien, metió la mano donde Dios no lo mandó.
    C. Si el arca se caía, eso era problema de Dios y no de Uza.

LECCIÓN: Dejemos que Dios arregle las cosas a su manera. Aunque la obra de Dios parezca que va a caer, él se encargará de aguantarla y no nosotros.

IV. Uzías, Rey de Judá, cometió este pecado al quemar incienso en el templo:
    «Mas cuando ya era fuerte, su corazón se enalteció para su ruina; porque se rebeló contra Jehová, su Dios, entrando en el templo de Jehová para quemar incienso en el altar del incienso» (2 Crónicas 26:16).

    1. Uzías se puso a ejercer un oficio que sólo correspondía a los sacerdotes (2 Crónicas 26:18).
    2. Cuando se le llamó la atención «se llenó de ira» y Dios le castigó con lepra (verso 19).

        A. Un castigo perpetuo, «fue leproso hasta el día de su muerte» (verso 21).
        B. Un castigo que lo marginó, «y habitó leproso en una casa apartada» (verso 21).
        C. Un castigo que lo excomulgó, «por lo cual fue excluido de la casa de Jehová» (verso 21).
        D. Un castigo que lo llevó a ser sustituido, «y Jotam, su hijo tuvo cargo de la casa real, gobernando al pueblo de la tierra» (verso 21).

3. El fanatismo de Uzías lo llevó a la presunción.

LECCIÓN: Los líderes deben cuidarse de no hacer en el templo de Dios, lo que no se les ha ordenado. El líder que lo quiere hacer todo, tarde o temprano caerá víctima de la lepra de la presunción.

CONCLUSIÓN: El gran escritor Watchman Nee, en su libro «El Testimonio de Dios» ha expresado lo siguiente sobre la presunción: «Todo lo que se realiza como una emergencia, en contra de la necesidad de las circunstancias y sin esperar el mandato divino, le resulta inaceptable (a Dios)» (página 89).

EL PELIGRO
DE ACERCARNOS AL MUNDO

«Abram acampó en la tierra de Canaán, en tanto que Lot habitó en las ciudades de la llanura, y fue poniendo sus tiendas hasta Sodoma» (Génesis 13:12).

INTRODUCCIÓN: Abram y Lot tuvieron que separarse debido a sus muchas posesiones (Génesis 13:6), y a las contiendas que se habían desarrollado entre los pastores de ambos (Génesis 13:7). La única manera de resolver este conflicto era tomar direcciones opuestas. Esta separación era saludable aparentemente. Lo cierto es que Lot, gradualmente, se fue mudando hasta Sodoma. En Sodoma cayó preso de los reyes enemigos de esta ciudad (Génesis 13:12), y Abram tuvo que salir en su rescate (Génesis 13:14-16). El creyente que extiende sus tiendas hacia el mundo corre el peligro de caer atrapado por éste.

I. La tienda de la amistad con el mundo -«¡Oh, almas adúlteras! ¿No sabéis que la amistad del mundo es enemistad contra Dios? Cualquiera, pues, que quiera ser amigo del mundo, se constituye enemigo de Dios» (Santiago 4:4).

1. El amigo del mundo habla como éste.
2. El amigo del mundo reacciona como éste.
3. El amigo del mundo le aplaude las gracias a éste.
4. El amigo del mundo se identifica con éste.
5. El amigo del mundo no puede tener amistad con Dios.

    A. El mundo es carnal, Dios es santo.

    B. El mundo es materialista, Dios es espiritual.

II. La tienda del amor al mundo -«No améis al mundo, ni las cosas que están en el mundo. Si alguno ama al mundo, el amor del Padre no está en él» (1 Juan 2:15).

1. «No améis al mundo...»

    A. El mundo le está crucificado al creyente y éste al mundo: «Pero lejos esté de mí gloriarme, sino en la cruz de nuestro Señor Jesucristo, por quien el mundo me es crucificado a mí, y yo al mundo» (Gálatas 6:14).

    B. El creyente no es del mundo: «Si fuérais del mundo, el mundo amaría lo suyo; pero porque no sois del mundo, antes yo os elegí del mundo, por eso el mundo os aborrece» (Juan 15:19).

    C. El mundo no ofrece paz al creyente: «La paz os dejo, mi paz os doy; yo no os la doy como el mundo la da. No se turbe vuestro corazón, ni tenga miedo» (Juan 14:27).

2. «... ni las cosas que están en el mundo».

    A. «los deseos de la carne» (1 Juan 2:16).

    B. «los deseos de los ojos» (1 Juan 2:16).

    C. «la vanagloria de la vida» (1 Juan 2:16).

3. «Si alguno ama al mundo, el amor del Padre no está en él.»

    A. El corazón que ama al mundo no tiene espacio para Dios.

    B. Dios ama al creyente que no ama al mundo.

    C. No se puede amar a Dios y al mundo a la vez.

III. La tienda del descarrío al mundo -«Porque además me ha desamparado, amando este mundo, y se ha ido a Tesalónica...» (2 Timoteo 4:10).

1. El proceso del descarrío espiritual es,
   A. Primero, amistad con el mundo.
   B. Segundo, amor hacia el mundo.
   C. Tercero, entrega al mundo.

2. El mundo siempre traiciona,
   A. A algunos inmediatamente.
   B. A otros inmediatamente.
   C. Y otros nunca lo sabrán.

3. El mundo está bajo el juicio divino.
   A. «Ahora es el juicio de este mundo; ahora el príncipe de este mundo será echado fuera» (Juan 12:31).
   B. «Por cuanto ha establecido un día en el cual juzgará al mundo con justicia, por aquel varón a quien designó, dando fe a todos con haberle levantado de los muertos» (Hechos 13:31).
   C. El mundo, con sus súbditos, un día será juzgado por Dios.

ILUSTRACIÓN: La siguiente ilustración nos recuerda a muchos creyentes que les gusta compartir con el mundo. Un grupo de señoritas se disponían a descender a una mina. Entre ellas había una que tenía un vestido blanco.

– María, con este vestido blanco tú no podrás bajar a la mina.

Ella no hizo caso a sus compañeras y decidió ir donde el minero.

– Señor, ¿es cierto que yo no puedo descender a la mina con este vestido blanco?

– Señorita, con este vestido blanco usted puede bajar a la mina, pero no le garantizo que podrá subir con él, limpio.

EL QUIÉN Y EL QUÉ
DEL EVANGELIO

«Y cayendo en tierra, oyó una voz que le decía: Saulo, Saulo, ¿por qué me persigues? Él dijo: ¿Quién eres, Señor? Y le dijo: Yo soy Jesús, a quien tú persigues; dura cosa te es dar coces contra el aguijón. Él, temblando y temeroso, dijo: Señor, ¿qué quieres que yo haga? Y el Señor le dijo: Levántate y entra en la ciudad, y se te dirá lo que debes hacer» (Hechos 9:4-6).

INTRODUCCIÓN: Una de las más dramáticas conversiones en la historia del cristianismo fue la conversión de Saulo Tarso. De las muchas conversiones en el siglo primero, esa fue la más significativa. En nuestra generación contamos con las conversiones de Nicky Cruz, un antiguo líder de gangas en Nueva York; Eldridge Cleaver, quien fuera dirigente de los Panteras Negras y Charles W. Colson, ex-ayudante especial de Richard M. Nixon y participante del escándalo Watergate. Es mi firme convicción que el evangelio es pregunta y es respuesta.

I. La armonía Lucanina de la conversión de Saulo:

1. En Hechos 9:1-17, Lucas presenta la narración de la maravillosa conversión de Saulo Tarso al cristianismo.

2. En Hechos 22:1-16 y 26:9-18, Pablo comparte su testimonio, primero ante los judíos y luego ante el rey Agripa.

3. En Hechos 22:1-5 y 26:9-11, Pablo hace dos introducciones al relato testimonial de su conversión.

«... Yo de cierto soy judío, nacido en Tarso de Cilicia, pero criado en esta ciudad, instruido a los pies de Gamaliel, estrictamente conforme a la ley de nuestros padres, celoso de Dios, como hoy lo sois todos vosotros. Perseguía yo este camino hasta la muerte, prendiendo y entregando en cárceles a hombres y mujeres; como el sumo sacerdote también me es testigo, y todos los ancianos, de quienes también recibí cartas para los hermanos, y fui a Damasco para traer presos a Jerusalén también a los que estuviesen allí, para que fuesen castigados» (Hechos 22:1-5).

«Yo había creído, ciertamente, mi deber hacer muchas cosas contra el nombre de Jesús de Nazaret; lo cual también hice en Jerusalén. Yo encerré en cárceles a muchos santos, habiendo recibido poderes de los principales sacerdotes; y cuando los mataron, yo di mi voto. Y muchas veces, castigándolos en todas las sinagogas, los forcé a blasfemar; y enfurecido sobremanera contra ellos, los perseguí hasta en las ciudades extranjeras» (Hechos 26:9-11).

4. En Hechos 22:6 se da la suma de lo registrado en los dos otros pasajes paralelos:

«Mas yendo por el camino, aconteció que al llegar cerca de Damasco, repentinamente le rodeó un resplandor de luz del cielo» (9:3).

«Pero aconteció que yendo yo, al llegar a Damasco, como a mediodía, de repente me rodeó mucha luz del cielo» (22:6).

«Cuando a mediodía, ¡oh, rey!, yendo por el camino, vi una luz del cielo que sobrepasaba el resplandor del sol, la cual me rodeó a mí y a los que iban conmigo» (26:13).

5. La caída de Saulo al suelo tiene la siguiente armonía:

«Y cayendo en tierra, oyó una voz que le decía: Saulo, Saulo, ¿por qué me persigues?» (9:4).

«Y caí al suelo, y oí una voz que me decía: Saulo, Saulo, ¿por qué me persigues?» (22:7).

«Y habiendo caído todos nosotros en tierra, oí una voz que me hablaba, y decía en lengua hebrea: Saulo, Saulo, ¿por qué me persigues? Dura cosa te es dar coces contra el aguijón» (26:14).

6. En cuanto a los acompañantes de Saulo en relación con la visión leemos:

«Y los hombres que iban con Saulo se pararon atónitos, oyendo de verdad la voz, mas sin ver a nadie» (9:7).

«Y los que estaban conmigo vieron de verdad la luz, y se espantaron; pero no entendieron la voz del que hablaba conmigo» (22:9).

7. Los acompañantes de Saulo, al éste faltarle la visión le llevaron a Damasco:

«Entonces Saulo se levantó de tierra, y abriendo los ojos, no veía a nadie, así que, llevándole por la mano, le metiron en Damasco» (9:8).

«Y como yo no veía· a causa de la gloria de la luz, llevado de la mano por los que estaban conmigo, llegué a Damasco» (22:11).

8. Tanto en Hechos 9:10-17 y 22:12-16 se introduce el ministerio de Ananías en la vida espiritual de Saulo:

A. Según hechos 9:9 Saulo, «estuvo tres días sin ver y no comió ni bebió».

B. En Damasco, el Señor se le reveló a Ananías y lo envió a una calle llamada Derecha, al hogar de un tal Judas, mientras Saulo oraba (9:-10-11).

C. A Saulo se le dio una visión de Ananías orando por él, y como resultado recibiría la vista (9:12).

D. Ananías altercó con el Señor, pero finalmente obedeció (9:13-16).

II. «¿Quién eres, Señor?» (Hechos 9:5) - Una experiencia cristológica:

1. *Un encuentro*. Saulo no encontró a Cristo, sino que fue encontrado por éste.

   A. Evangelio es la buena noticia de Dios al hombre.

   B. Dios toma la iniciativa en el plan salvadorífico.

2. *Una revelación*. Mediante una luz, una voz y una visión, Cristo se reveló a Saulo.

   A. El evangelio es revelación y Palabra.

   B. Cristo fue Palabra (Juan 1:1) y revelación (Juan 1:14).

3. *Un diálogo*. Saulo entra en diálogo con Cristo.

   A. El evangelio es diálogo divino-humano.

   B. El Dios bíblico, hecho carne, no está perdido en el desierto de la eternidad.

4. *Una rendición*. Saulo se rinde incondicionalmente al único y verdadero Kyrios (Señor).

    A. Su rendición significó desistir de sus propósitos.
    B. Su rendición lo llevó a la obediencia.

5. *Un efecto.* Saulo perdió por tres días su visión.

    A. El evangelio produce efectos inmediatos.
    B. El evangelio es, «... poder de Dios para la salvación a todo aquel que cree; al judío primeramente, y también al griego» (Romanos 1:16).

III. «¿Qué quieres que yo haga?» (Hechos 9:6) - Un sentido de misión:

1. El Señor le dijo a Ananías: «Ve, porque instrumento escogido me es éste para llevar mi nombre en presencia de los gentiles, y de reyes, y de los hijos de Israel, porque yo le mostraré cuánto le es necesario padecer por mi nombre» (Hechos 9:15-16).

2. Ananías le dijo a Saulo: «El Dios de nuestros padres te ha escogido para que conozcas su voluntad, y veas al Justo, y oigas la voz de su boca. Porque serás testigo suyo a todos los hombres, de lo que has visto y oído» (Hechos 22:14-15).

3. El Señor le dijo a Saulo: «Pero levántate, y ponte sobre tus pies; porque para esto he aparecido a ti, para ponerte por ministro y testigo de las cosas que has visto, y de aquellas en que aparecen a ti...» (Hechos 26:17-18).

4. La pregunta de misión no es, «¿qué quiero hacer?» Tiene que ser «¿Qué quieres que haga?»

5. Todo sentido de misión significa:

    A. Seriedad.

    B.   Compromiso.
    C.   Preparación.

CONCLUSIÓN: El evangelio es Jesucristo y predicar el evangelio es predicar a Jesucristo, el *quién* del evangelio.

ENSEÑANZAS RELACIONADAS CON EL RAPTO

«Porque el Señor mismo con voz de mando, con voz de arcángel, y con trompeta de Dios, descenderá del cielo; y los muertos en Cristo resucitarán primero. Luego nosotros, los que vivimos, los que hayamos quedado, seremos arrebatados juntamente con ellos en las nubes para recibir al Señor en el aire, y así estaremos siempre con el Señor. Por tanto, alentaos los unos a los otros con estas palabras» (1 Tesalonicenses 4:16-18).

«Por cuanto has guardado la palabra de mi paciencia, yo también te guardaré de la hora de la prueba que ha de venir sobre el mundo entero, para probar a los que moran sobre la tierra» (Apocalipsis 3:10).

INTRODUCCIÓN: La doctrina del rapto, el traslado o la venida secreta del Señor por su Iglesia, es un tema de gran controversia para los no dispensacionalistas. Entre los mismos dispensacionalistas existen discrepancias que parecen dividir las opiniones de los mismos. Las escuelas de enseñanza sobre este tema son: el rapto parcial, el rapto post-tribulacionista, el rapto medio tribulación y el rapto pre-tribulacionista.

I.   El rapto parcial:

1.   El énfasis no está en el tiempo, sino en los que serán tomados.

2.   Esta enseñanza niega algunas doctrinas, a sabiendas o inconscientemente:

A. *Niega el sacrificio completo de Cristo.* El énfasis de ellos está más en lo que el creyente puede hacer, que lo que Cristo hizo ya por éste. En su muerte, el Señor presentó un sacrificio propiciatorio, reconciliatorio y redentivo para el pecador arrepentido. La aceptación del mismo ubica al creyente en una posición de seguridad, justificación y aceptación ante Dios.

B. *Niega la unidad de la Iglesia como un cuerpo, un edificio y una esposa.*
La Iglesia en todo el sentido místico y espiritual es una unidad indivisible (1 Corintios 12:12-13; Efesios 5:30).

C. *Niega la resurrección completa de los santos de la Iglesia.*
La resurrección de los santos de la Iglesia no se puede dividir en etapas. En su realización es una sola (1 Corintios 15:51-52; 1 Tesalonicenses 4:14).

D. *Niega el propósito del rapto.* Según ellos el rapto es una recompensa.
El rapto no es una recompensa de Dios para el creyente o para algunos creyentes. Las recompensas o galardones son conferidas a los creyentes por sus servicios (1 Tesalonicenses 2:19; 1 Corintios 9:25; 1 Pedro 5:4; Apocalipsis 2:10).

E. *Niega la eficacia de la gracia.* Para ellos, los creyentes que estén «velando» y «guardando» son los que se irán en el rapto.
Es la obra de Cristo la que justifica, no la religión, no los ministerios, menos aún las obras. El depender de las obras es mezclar la gracia con la ley.

F. *Niega la expiación completa de la Iglesia.* Los

maestros y exponentes del rapto parcial enfatizan que una parte de la Iglesia necesita ser todavía purificada, para eso es la gran tribulación.

La expiación de Cristo es suficiente para purificar a los creyentes. Lo que él realizó en el Calvario y ratificó con su resurrección es suficiente para aplicar en el creyente todos los beneficios de la expiación.

G. *Niega que Israel y la Iglesia son diferentes en el programa divino.* Ellos aplican a la Iglesia profecías que son de Israel, y a Israel algunas que son de la Iglesia.

A la luz de lo revelado en las Escrituras, Israel y la Iglesia son dos grupos diferentes con los cuales Dios interviene.

3. La textología o hermenéutica del rapto parcial se apoya, principalmente, en estos pasajes bíblicos:

A. *Lucas 21:36* - Estas palabras tienen como destinatarios a los judíos y no a la Iglesia.

B. *Hebreos 9:28* - Este pasaje no enseña el rapto parcial, enfatiza la obra expiatoria del Señor y el retorno para tomar a su Iglesia.

C. *Filipenses 3:11* - El contexto de este pasaje demuestra que Pablo no dudaba del rapto, y menos aún que en la resurrección no fuera a ser levantado.

D. *1 Corintios 15:23* - Aquí el apóstol no enseñaba un orden en la resurrección de los santos de la Iglesia. El orden aquí revelado incluye a Cristo, luego a los santos de la Iglesia. El verso 24 alude a la resurrección de los santos del Antiguo Testamento y los de la tribulación, al final de la misma.

E. *2 Timoteo 4:8* - Este pasaje no enseña un rapto parcial para los que esperan la venida del Señor. Más bien, se enfatiza que el retorno del Señor será para que comiencen las recompensas.

F. *Mateo 24:41-42* - En esta porción bíblica está el mayor argumento en favor del rapto parcial. El énfasis del texto no está en una Iglesia dividida, sino en una humanidad que se dividirá por el rapto (léase también Lucas 17:30-37).

G. Otros pasajes bíblicos que ellos consideran son: *1 Tesalonicenses 1:10; 4:13-18 y 1 Corintios 15:51-52.* En ninguno se sostiene la enseñanza de un rapto parcial.

II. El rapto al final de la tribulación:

1. Es una negación de las principales doctrinas bíblicas:

A. Niega el dispensacionalismo.

B. Niega la diferencia entre Israel y la Iglesia.

C. Niega que el rapto y la revelación son dos eventos y no sólo uno.

D. Niega lo inminente del retorno del Señor.

E. Niega el cumplimiento de Daniel 9:27 como algo futuro.

F. Niega el propósito separado de Dios para Israel y para la Iglesia (Mateo 13; 24 al 25; Apocalipsis 4 al 19).

2. En su defensa esta escuela apela a algunos argumentos que hermenéuticamente fuerzan para que encaje en su esquema:

A. *La historia.* El traslado pre-tribulacionista o

rapto antes de la semana setenta, es una nueva escuela teológica. La misma se originó en el año 1830 con una revelación que tuvo Margaret McDonald en Escocia. Según dicha revelación, la segunda venida de Cristo se dividía en dos partes, un rapto secreto y una revelación pública. John Nelson Darby, fundador de los «Hermanos de Plymouth» la proclamó y luego Scofield la popularizó (1).

A su argumento de que esta escatología no tiene cien años de desarrollada, les repondemos que muchas de las corrientes teológicas tuvieron su época: La teología propia (siglos III y IV), la antropología (siglos V y VI), la soteriología (siglos XVI y XVII) (2).

B. *La inminencia*. Para ellos la doctrina de la inminencia que muchos enseñan, es una contradicción a velar por las señales. En vez de la Iglesia esperar, tiene que velar.

En la doctrina de la inminencia, la Iglesia enfatiza que Cristo puede regresar en cualquier momento de la historia. Su retorno puede ser temprano o tardío (Juan 14:2-3; 1 Corintios 1:7; Filipenses 3:20-21; 1 Tesalonicenses 1:9-10; 4:16-17).

C. *La tribulación*. En este período de juicio, angustia, ira y castigo... ellos ven parte del plan divino para la Iglesia (Lucas 23:21-31; Mateo 24:9-11; Marcos 13:9-13).

En el Nuevo Testamento se diferencian dos tribulaciones: una técnica y otra escatológica. La Iglesia experimentó, experimenta y experimentará la técnica. La escatología, no es para la Iglesia, es para las naciones gentiles y para Israel (3).

D. *La semana setenta*. Para ellos ya se cumplió

comenzando con el ministerio de Juan el Bautista y terminando con el ministerio de Cristo, en la predicación de arrepentimiento (4). Otros afirman que se cumplió en el apedreamiento de Esteban, el primer mártir de la Iglesia (5). La exégesis aplicada a Daniel 9:24-27, da evidencias de que la semana setenta es escatológica en su cumplimiento y aplicación.

E. *La resurrección*. Los exponentes del rapto al final de la tribulación enseñan una resurrección general de todos los santos.

La Biblia no apoya tal hermenéutica. La primera resurrección mencionada en Apocalipsis 20:5, no es una general, se compone de los santos de la Iglesia antes de la tribulación, luego los santos del Antiguo Testamento y los santos de la tribulación al final de la semana setenta.

III. El rapto en medio de la tribulación:

1. Esta escuela presenta algunas negaciones doctrinales aunque no lo quiera admitir:

A. Niega el dispensacionalismo.
B. Niega que a Israel y a la Iglesia hay que tratarlos por separado en las aplicaciones proféticas.
C. Niega la unidad de la tribulación.
D. Niega la doctrina de la inminencia.
E. Niega el misterio de la Iglesia.
F. Niega el principio literal de interpretar la Biblia en toda su extensión.

2. En la formulación de sus argumentos apelan a cierta hermenéutica que parece convincente pero que se contradice en lo contextual:

A. *Los dos testigos*. El pasaje bíblico está en Apocalipsis 11. Según ellos la resurrección de los dos testigos en mitad de la tribulación representa el rapto de la Iglesia antes de la segunda mitad de la semana setenta.

El contexto del mismo libro del Apocalipsis descarta tal argumento.

B. *El niño varón*. En Apocalipsis 12:5 se dice: «y su hijo fue arrebatado para Dios y para su trono». Según ellos, este niño representa a la Iglesia que se levantará en el rapto, cuando la segunda mitad de la tribulación, es decir, la gran tribulación esté para comenzar (6).

El contexto demuestra que ese niño o hijo varón es el Señor Jesucristo. La mujer es Israel. La Iglesia no tiene ningún lugar en este capítulo 12, ni en los capítulos del 6 al 18.

C. *La última trompeta*. En este argumento hacen una asociación de 1 Corintios 15:52; 1 Tesalonicenses 4:16 y Apocalipsis 11:15.

Los mismos contextos bíblicos contradicen la asociación que se les imputa a estos pasajes.

IV. El rapto antes de la tribulación:

1. Los principios que distinguen a esta escuela en su interpretación son:

A. Son literales en la interpretación profética hasta donde el texto lo permita.

B. Son dispensacionalistas en cuanto a los tratos divinos con la humanidad. En cada dispensación, el hombre tiene que ser probado. En total enseñan que son siete: (1) Inocencia (Génesis 1:28). (2) Consciencia (Génesis 3:23). (3) Gobierno Humano (Génesis 8:20). (4) Promesa

(Génesis 12:1). (5) Ley (Éxodo 19:8). (6) Gracia (Juan 1:17). (7) Reino (Efesios 1:10).

C. Según ellos, la Iglesia es un misterio revelado en la presente dispensación de la gracia.

D. Afirman que la Iglesia no es una Israel espiritual. Por lo tanto, Dios tiene planes diferentes para ambos grupos.

2. La hermenéutica a la cual apelan, la apoyan en:

A. La misma estructura del libro de Apocalipsis (Apocalipsis 1:9).

B. La naturaleza de la semana setenta (Daniel 9:27).

C. La doctrina de la inminencia (1 Tesalonicenses 5:6; Tito 2:13; Apocalipsis 3:3).

D. La enseñanza de «el» que impide la manifestación completa del plan de Satanás (2 Tesalonicenses 2:1-12).

E. La representación de los veinticuatro ancianos (Apocalipsis 4:4; 5:8).

F. La promesa de la Iglesia de Filadelfia (Apocalipsis 3:10).

G. La relación de la Iglesia con Cristo (Juan 14:2-4; 15:5; Efesios 2:20; 5:23; 5:24-27).

CONCLUSIÓN: Desde los días de la primera generación que integró la Iglesia hasta nuestros días, ya han pasado más de cincuenta y nueve generaciones (7). La Iglesia, en cada generación, ha estado a la expectativa del inminente retorno del Señor. ¿Será esta la última generación de la Iglesia?

BIBLIOGRAFÍA

(1) José Grau, *Escatología final de los tiempos*, «Orígenes de la escatología dispencional», Editorial Clie, páginas 161-185.

(2) J. Dwight Pentecost, *Eventos del porvenir,* Editorial Libertador, página 130.
(3) Ibid., página 132.
(4) Ibid., página 133.
(5) Elena G. de White, *Seguridad y paz en el conflicto de los siglos,* página 375.
(6) Samuel Vila, *Cuando Él venga,* Editorial Clie, páginas 57-58.
(7) Según el diccionario Webster, una generación consta de 33 años.

HAY DECISIONES QUE TOMAR

«Y si mal os parece servir a Jehová, escogeos hoy a quien sirváis; si a los dioses a quienes sirvieron vuestros padres cuando estuvieron al otro lado del río, o a los dioses de los amorreos en cuya tierra habitáis; pero yo y mi casa serviremos a Jehová» (Josué 24:15).

INTRODUCCIÓN: Hay decisiones en esta vida que están bajo control de la soberanía y providencia divina; bajo el control de lo que decidan nuestros parientes; bajo control de nuestros líderes políticos... pero hay muchas decisiones que nos corresponde a nosotros tomarlas.

I.   Hay decisiones personales que tenemos que tomar:

1. Los hábitos que adquirimos.
2. Las ropas que vestimos.
3. El trabajo que realizamos.
4. La educación que adquirimos.
5. El carácter que expresamos.

II. Hay decisiones familiares que nosotros somos llamados a tomar:

1. ¿Con quién me casaré?
2. ¿Cuántos hijos tendremos?
3. ¿Dónde viviremos?
4. ¿Qué tiempo sacaré para mi familia?

5. ¿Cuáles son los valores que deseo transmitir a mis hijos?

III. Hay decisiones religiosas que son necesarias tomar:

1. ¿Cómo le serviré a Dios?
2. ¿De qué manera deseo ser usado para la extensión del reino de Dios?
3. ¿Qué recursos poseo para ponerlos a la disposición de Dios y del prójimo?
4. ¿Qué opina Dios de mí como creyente? ¿Qué opino yo de Dios? ¿Qué puedo hacer al respecto?

CONCLUSIÓN: Las decisiones que tú tomas pueden determinar lo que eres, lo que deseas ser y lo que serás; lo que tienes, lo que deseas tener y lo que tendrás. En una decisión puedes tener la victoria o la derrota, la tristeza o la felicidad. ¿Qué decisión has de tomar?

¡HAY QUE DAR LA BUENA NOTICIA!

«Luego se dijeron el uno al otro: No estamos haciendo bien. Hoy es día de buena nueva, y nosotros callamos; y si esperamos hasta el amanecer, nos alcanzará nuestra maldad. Vamos pues, ahora, entremos y demos la nueva en casa del rey» (2 Reyes 7:9).

INTRODUCCIÓN: La Biblia es historia y profecía, y aún la profecía no cumplida es historia revelada. La historia de esta ocasión presenta un estado de sitio sobre Samaria por Ben-adad, rey de Siria, en los días de Eliseo, el profeta.

Quisiera señalar algunos elementos de esta historia y emplearlos como puntos homiléticos.

I. La desesperación de la ciudad:

   1. Produjo hambre (verso 25).
   2. Produjo muerte (versos 28-29).
   3. Produjo inflación (verso 25).
   4. Produjo inseguridad en el rey (verso 27).

II. La exclusión de los leprosos:

   1. Eran víctimas de la situación.
   2. Eran objeto de prejuicios y discriminación.
   3. Eran la «llaga» de la sociedad religiosa.

III. La realización de los leprosos:

   1. Piensan en su situación presente (verso 3).

2. Descartan la posibilidad de sobrevivir en la ciudad (verso 4a).
3. Desean hacer algo para vivir (verso 4b).
4. Se mueven en una aventura de fe (verso 4c).

IV. La revelación que tuvieron los leprosos:

1. Hicieron su viaje de noche (verso 5).
2. Encontraron el campamento sirio abandonado (verso 5).
3. Durante el anochecer Dios hizo que los sirios huyeran (verso 6).
4. Los leprosos suplieron sus necesidades personales (verso 8).

V. La proclamación que hacen:

1. Reconocieron su egoísmo.
2. Perdonaron a sus prejuiciadores.
3. Regresaron a la puerta de la ciudad y anunciaron la buena noticia (verso 10).

   A. El evangelio es predicar a Jesucristo.
   B. El evangelio es predicar la gracia.
   C. El evangelio es predicar el establecimiento del Reino de Dios.

CONCLUSIÓN: La Iglesia tiene una misión que cumplir para los que están en la ciudad. Lo hará sacrificándose a sí misma, si fuera necesario, al invadir el terreno enemigo. El mensaje que se nos ha encargado no se debe sombrear ni olvidar por el «status quo», la comodidad, el prestigio o el lucro personal.

JESÚS LLORA POR LA CIUDAD

«Y cuando llegó cerca de la ciudad, al verla, lloró sobre ella, diciendo: ¡Oh, si tú también conocieses a lo menos en este tu día, lo que es para tu paz! Más ahora está encubierto de tus ojos» (Lucas 19:41-42).

INTRODUCCIÓN: Cuando Jesús vio a la majestuosa ciudad de Jerusalén, con su pintoresco templo y sus congestionadas calles; la visión que tuvo de esta ciudad le estremeció sus sentimientos. Cuarenta años después, todo este retrato de Jerusalén, serían ruinas y devastaciones.

Los intereses políticos de Israel y su ambición de autonomía contra el yugo opresor romano, los llevó a la sublevación contra esta maquinaria política-militar. En el año 70, Roma castigó severamente al pueblo judío.

Jesús amó la ciudad de Jerusalén, pero lloró por su condición y su futuro. El Señor llora por el estado de muchas de nuestras ciudades, hoy.

I.   La ciudad es una selva de hierro y en concreto:

1.   Muchos hombres viven salvajemente en su conducta.
2.   El hombre honra a los falsos dioses de:

A.   El sexo.
B.   El materialismo.
C.   El libertinaje.
D.   El placer.

3. El más fuerte oprime al más débil, la ley de la selva.
4. Cada cual hace su propia interpretación de la ley.

II. La ciudad es un cementerio espiritual:

1. Muchos no sienten ni padecen por su prójimo.
2. Lo que vemos en muchos es un retrato de lo que eran o lo que deberían ser.
3. Así como un cuerpo sin espíritu está muerto, los que no tienen el Espíritu de Dios son cadáveres en descomposición.
4. El hombre se ha enterrado en sus vicios y deseos.
5. En el aire está el oxígeno del cuerpo, en la presencia de Dios está el oxígeno del alma.

III. La ciudad está un poco alumbrada:

1. Hay un pueblo que tiene luz divina.
2. Tristemente, muchos creyentes alumbran sus casas, pero no le dan luz a su vecino.
3. El creyente no alumbra a la ciudad con su adoración, la alumbra con su testimonio y conducta.
4. El creyente no debe prender y apagar, esto confunde a otros.

IV. Jesús lloró por la ciudad de Jerusalén:

1. Porque la amó, «Y cuando llegó cerca de la ciudad...»
2. Porque vio su condición, «... al verla, lloró sobre ella...»
3. Porque no le quiso conocer, «... diciendo: ¡Oh, si tú también conocieses...!»
4. Porque rechazó la paz que éste le ofreció, «¡... a lo menos en este tu día, lo que es para tu paz...!»

5. Porque viendo no vieron, «... Mas ahora está encubierto de tus ojos».

CONCLUSIÓN: El llanto del Señor por la ciudad revela lágrimas de amor, de compasión, de misericordia, de perdón... pero la ciudad no le quiere prestar atención. Amén.

LA AUTORIDAD DE ATAR Y DESATAR

«De cierto os digo que todo lo que atéis en la tierra, será atado en el cielo; y todo lo que desatéis en la tierra será desatado en el cielo» (Mateo 18:18).
«Les aseguro que lo que ustedes aten en este mundo, también quedará atado en el cielo, y lo que ustedes desaten en este mundo, también quedará desatado en el cielo» (Versión Popular, Dios llega al hombre).

INTRODUCCIÓN: El creyente, mediante la fe, goza de una posición en el cuerpo de Cristo y el derecho a participar de los beneficios celestiales. La autoridad que el Padre delegó a su Hijo (Mateo 28:18), y que éste delegó al Espíritu Santo está ahora en la Iglesia. La medida como el creyente utilice esa autoridad determinará lo que es y lo que tiene que recibir en Cristo. Todo creyente puede atar o desatar.

I. El poder de atar -«De cierto os digo que todo lo que atéis en la tierra, será atado en el cielo...»

1. Las personas,

A. Cuando hablan demasiado.
B. Cuando interrumpen los cultos.
C. Cuando dicen disparates.
D. Cuando obstaculizan la oración, la meditación y el estudio bíblico.
E. Cuando nos quieren hacer daño.

2. Las enfermedades,

   A. Átelas con las promesas de sanidad.
   B. Átelas rechazando los síntomas.
   C. Átelas no dejándose dominar por ellas.

3. Las fuerzas demoníacas,

   A. Cuando se está testificando.
   B. Cuando se está predicando.
   C. Cuando se está haciendo un llamamiento al altar.

4. Las circunstancias adversas.

   A. Jorge Muller viajaba en un barco hacia Quebec y le dijo al capitán: «... Tengo que estar en la ciudad el sábado por la tarde.» El capitán le dejó ver que con aquella densa neblina sería un imposible. Muller, que conocía el principio de atar espiritualmente, oró delante de Dios. Luego le dijo al capitán, «Salga y verá que ya no hay neblina.» El sábado por la tarde, el siervo de Dios ya estaba en Quebec.
   B. David Brainerd, el gran misionero a los indios pieles rojas, en un lugar desierto, cerca del campamento indio, se puso de rodillas a orar. Un grupo de pieles rojas enemigos de los rostros pálidos se dispusieron a quitarle la vida. Sin saberlo, la oración de Brainerd ató el deseo asesino que había en aquellos indios. Así como llegaron se fueron. Al día siguiente los indios lo recibieron en su campamento.

II. El poder de desatar -«y todo lo que desatéis en la tierra será desatado en el cielo».

1. A los creyentes.

    A. Que están atados para no alabar a Dios.
    B. Que están atados para no dejar que el Espíritu Santo los mueva.
    C. Qué están atados a las cosas materiales.

2. A las personas cautivas.

    A. Espiritualmente.
    B. Emocionalmente.
    C. Sociológicamente.

3. Nuestra propia vida

    A. El desánimo ata.
    B. La depresión ata.
    C. Las derrotas atan.

III. ¿Cómo podemos atar y desatar?

1. Confesando la Palabra de Dios.

    A. Su lectura es una garantía divina.
    B. Su pronunciamiento es actualizar el pensamiento de Dios.

2. Actuando en fe.

    A. Algunos creyentes actúan pero no tienen fe.
    B. Otros creyentes tienen fe pero no actúan.
    C. La fe es un asunto de ceer y hacer, de oir y aceptar.

3. Orando con autoridad.

    A. *La oración de autoridad le da órdenes a Dios,*

«Así dice Jehová, el Santo de Israel, y su formador: Preguntadme de las cosas por venir; mandadme acerca de mis hijos, y acerca de la obra de mis manos» (Isaías 45:11).

B. *La oración de autoridad les da órdenes a los montes espirituales,* «Porque de cierto os digo que cualquiera que dijere a este monte: *Quítate y échate al mar,* y no dudare en su corazón, si no creyere que será hecho lo que dice, lo que diga le será hecho.»

CONCLUSIÓN: ¿Qué cosas necesitas atar alrededor de ti y en ti? ¿Cuáles son las que necesitas desatar? Repite tres veces estas palabras: Todo lo que ate en la tierra, será atado en el cielo; y todo lo que desate en la tierra será desatado en el cielo.

LA EXPERIENCIA EN BET-EL

«Y despertó Jacob de su sueño y dijo: Ciertamente Jehová está en este lugar, y yo no lo sabía. Y tuvo miedo y dijo: ¡Cuán terrible es este lugar! No es otra cosa que casa de Dios, y puerta del cielo» (Génesis 28:16-17).

INTRODUCCIÓN: Jacob había actuado mal contra su hermano Esaú. Él se apropió de lo que a aquel le pertenecía; y recibió lo que a su hermano le tocaba. Por la influencia de su madre, Rebeca, y a petición de su padre, salió hacia Padan-aram en busca de una esposa de su parentela. En una noche solitaria, el Dios del cielo entró en pacto con Jacob.

I. En Bet-e,l Dios se le reveló a Jacob, «Y soñó: y he aquí una escalera que estaba apoyada en tierra, y su extremo tocaba en el cielo; y he aquí ángeles de Dios que subían y descendían por ella. Y he aquí, Jehová estaba en lo alto de ella...» (vers. 12-13).

1. Jacob tenía la primogenitura, recibió la bendición patriarcal, pero le faltaba conocer al Dios de su padre y de su abuelo Abraham.

2. Allí, Dios se le reveló como: «Yo soy Jehová, el Dios de Abraham, tu padre, y el Dios de Isaac» (vers. 13).

3. Allí le confirmó la promesa de la tierra: «la tierra en que estás acostado te la daré a ti y a tu descendencia» (vers. 13).

4. Allí Dios le prometió multiplicar su descendencia: «Será tu descendencia como el polvo de la tierra...» (vers.13).
5. Allí, Dios le ofreció la promesa del Mesías: «y todas las familias de la tierra serán benditas en ti y en tu simiente» (vers.14)
6. Aquella escalera representaba:

   A. Contacto entre el cielo y la tierra.
   B. Comunión entre Dios y el hombre.
   C. A Cristo como el mediador (Juan 1:51; 1 Timoteo 2:5).

II. En Bet-el Dios habló con Jacob, «He aquí yo estoy contigo, y te guardaré por dondequiera que fueres, y volveré a traerte a esta tierra; porque no te dejaré hasta que haya hecho lo que te he dicho» (vers. 15).

   1. Compañía, «yo estoy contigo».
   2. Protección, «y te guardaré por dondequiera que fueres».
   3. Promesa, «y volveré a traerte a esta tierra».
   4. Seguridad, «porque no te dejaré hasta que haya hecho lo que te he dicho».

III. En Bet-el Jacob encontró a Dios, «Y despertó Jacob de su sueño y dijo: Ciertamente Jehová está en este lugar, y yo no lo sabía...» (vers.16-17).

   1. Bet-el era un lugar que atemorizaba, «¡Cuán terrible es este lugar!» (vers. 17).
   2. Bet-el era un lugar para manifestarse Dios, «No es otra cosa que casa de Dios» (vers. 17).
      A. Allí se oraría.
      B. Allí se adoraría.
      C. Allí se reverenciaría.
      D. Allí se serviría.

3. Bet-el era una puerta celestial, «y puerta del cielo» (vers. 17).
   A. Desde allí Jacob vio el cielo.
   B. Desde allí él vio ángeles.
   C. Desde allí vio a Dios-espíritu.

IV. En Bet-el Jacob se comprometió con Dios, «… Jehová será mi Dios. Y esta piedra que he puesto por señal, será casa de Dios; y de todo lo que me dieres, el diezmo apartaré para ti» (vers. 28:20-22).

1. La oración:

   A. Oró por compañía divina, «Si fuere Dios conmigo.»
   B. Oró por protección divina, «y me guardaré en este viaje que voy».
   C. Oró por provisión divina, «y me diere pan para comer y vestido para vestir».
   D. Oró por su retorno, «y si volviere en paz a casa de mi padre».

2. La promesa:

   A. Se consagraría, «Jehová será mi Dios».
   B. Consagraría aquel lugar, «Y esta piedra que he puesto por señal, será casa de Dios».
   C. Consagraría su dinero, «y de todo lo que me dieres, el diezmo apartaré para ti».

CONCLUSIÓN: En Bet-el, Dios se le reveló y habló con Jacob, y allí Jacob lo encontró y se comprometió con él. ¿Has tenido la experiencia de Bet-el?

LA FAMILIA

«Por lo demás, cada uno de vosotros ame también a su mujer como a sí mismo; y la mujer respete a su marido. Hijos,
obedeced en el Señor a vuestros padres, porque esto es justo.
Honra a tu padre y a tu madre... Y vosotros, padres, no
provoquéis la ira a vuestros hijos, sino criadlos en disciplina
y amonestación del Señor» (Efesios 5:33; 6:1-4).

INTRODUCCIÓN: Los individuos forman familias; las
familias constituyen comunidades; las comunidades producen sociedades; las sociedades integran el estado. El concepto
de familia se ha redefinido en los últimos años. Hoy en día,
hablamos de familias nucleares (padre-madre e hijos), familias extendidas (abuelos, padres e hijos); familias de un solo pariente y familias de dos parientes. En esta conferencia
me referiré a la familia nuclear y de dos parientes.

I. La familia es importante para el adulto:

1. El adulto sin ella está incompleto; Adán sin Eva
    estaba solo y a éstos, sin sus hijos, les faltaba algo
    (Génesis 2:18; 4:1-2).
2. Según los psicólogos, los problemas familiares
    afectan más que los otros. En una escala se clasifi-
    caron seis problemas principales que afectan al
    adulto:

    A. Muerte del cónyuge.
    B. Divorcio.

293

C. Separación familiar.
D. Prisión.
E. Muerte de un miembro cercano.
F. Daño físico o enfermedad.

3. La familia es una de las cosas más importantes para el ser humano.
4. El adulto necesita la familia.

II. La familia es importante para los hijos:

1. Es la factoría donde se moldea el carácter de los hijos.
2. El temperamento se hereda pero la familia lo construye.
3. Ella transmite los valores y normas básicas.
4. Una gran diferencia entre dos familias de Nueva York, lo fueron la familia de Max Jukes y Jonathan Edwards:

   A. Max Jukes y su esposa no creían en valores cristianos; de sus 1.026 descendientes, trescientos murieron prematuramente, cien cumplieron sentencias de hasta trece años, ciento noventa fueron prostitutas públicas, cien se distinguieron por su vida de alcoholismo. El gasto de esta familia fue más de seis millones al estado de Nueva York.
   B. Jonathan Edwards, procedente del mismo estado de Jukes, se casó con una mujer que al igual que él, creía en valores cristianos; de 729 descendientes, trescientos fueron predicadores, sesenta y cinco profesores en universidades, trece presidieron universidades, sesenta escribieron libros populares, tres estuvieron en el congreso, uno llegó a vicepresidente de los Estados Unidos (léase Proverbios 22:6).

III. La familia es el resultado de un matrimonio equilibrado:

1. La familia comienza con el matrimonio.
2. Una familia que gravita alrededor de los hijos y no del matrimonio está propensa a la desintegración.
3. De los miembros de la familia, el matrimonio es el que más permanece junto.
4. Según Tim y Beverly LaHaye, el matrimonio confronta seis problemas emocionales (La familia sujeta al espíritu, páginas 54-79).

   A. El problema del enojo (Colosenses 3:19; Efesios 4:26-27).
   B. El problema del temor (Romanos 14:23; 1 Juan 1:9).
   C. El problema de la infidelidad (Gálatas 5:19-21; Mateo 5:28).
   D. El problema del egoísmo (Mateo 5:42; 7:12; Filipenses 2:3-4).
   E. El problema del autorechazo (1 Tesalonicenses 5:18).
   F. El problema de la depresión (1 Reyes 19).

ORACIÓN: Señor Jesucristo, en esta hora intercedemos ante ti a favor de nuestra familia. Sé tú el huésped invisible de la misma y ayúdanos a tener armonía, paz y comunión contigo. Amén.

LA IGLESIA SERÁ TRASLADADA

«He aquí, os digo un misterio: No todos dormiremos; pero todos seremos transformados, en un momento, en un abrir y cerrar de ojos, a la final trompeta; porque se tocará la trompeta, y los muertos serán resucitados incorruptos, y nosotros seremos transformados. Porque es necesario que esto corruptible se vista de incorrupción, y esto mortal se vista de inmortalidad» (1 Corintios 15:51-53).

«Por lo cual os decimos esto en palabra del Señor: que nosotros que vivimos, que habremos quedado hasta la venida del Señor, no precederemos a los que durmieron. Porque el Señor mismo, con voz de mando, con voz de arcángel, y con trompeta de Dios, descenderá del cielo; y los muertos en Cristo resucitarán primero. Luego nosotros, los que vivimos, los que hayamos quedado, seremos arrebatados juntamente con ellos en las nubes para recibir al Señor en el aire, y así estaremos siempre con el Señor» (1 Tesalonicenses 4:15-17).

INTRODUCCIÓN: La Iglesia de Cristo por más de mil novecientos cincuenta años, ha estado anunciando que los creyentes serán trasladados al cielo. Esa ha sido una de las piedras angulares del mensaje cristiano, «Cristo vuelve otra vez.» Puede que nuestra generación sea testigo de esa gloriosa promesa. Lo creemos, lo enseñamos, lo predicamos y lo esperamos.

I.   Una gran unión:

    1.   *Entre el alma-espíritu y el cuerpo:* «y los muertos serán resucitados incorruptos» (1 Corintios 15:52);

«y los muertos en Cristo resucitarán primero» (1 Tesalonicenses 4:16).

2. *Entre los santos fallecidos y los que viven*: «y los muertos serán resucitados incorruptos, y nosotros seremos transformados» (1 Corintios 15:52); «Luego nosotros, los que vivimos, los que hayamos quedado, seremos arrebatados juntamente con ellos en las nubes» (1 Tesalonicenses 4:17).

3. *Entre los creyentes y el Señor:* «… para recibir al Señor en el aire y así estaremos siempre con el Señor» (1 Tesalonicenses); «… vendré otra vez, y os tomaré a mí mismo, para que donde yo estoy, vosotros también estéis» (Juan 14:3).

II. Un gran evento:

1. *Es inminente*: «Velad, pues, porque no sabéis a qué hora ha de venir vuestro Señor» (Mateo 24:41); «No os toca a vosotros saber los tiempos o las sazones, que el Padre puso en una sola potestad» (Hechos 2:7); «Pero el día y la hora nadie sabe, ni aún los ángeles de los cielos, sino sólo mi Padre» (Mateo 24:36).

2. *Es instantáneo*: «en un momento, en un abrir y cerrar de ojos» (1 Corintios 15:52).

3. *Es segregador*: «Entonces estarán dos en el campo; el uno será tomado, y el otro será dejado. Dos mujeres estarán moliendo en un molino; la una será tomada y la otra será dejada» (Mateo 24:40-41).

4. *Es secreto*: Millones de cristianos, trabajadores, miembros de familia, desaparecerán misteriosamente.

5. *Es aterrador:* Aviones se estrellarán, vehículos chocarán los unos con los otros, clases se quedarán sin los maestros y sin alumnos, congregaciones serán reducidas…

III. Una gran demostración:

1. *Las señales con el cielo*: «Entonces habrá señales en el sol, en la luna y en las estrellas, y en la tierra, angustia de las gentes...» (Lucas 21:25).
2. *El bautismo en el Espíritu Santo*: «Y después de esto derramaré de mi Espíritu sobre toda carne, y profetizarán vuestros hijos y vuestras hijas; vuestros ancianos soñarán sueños, y vuestros jóvenes verán visiones. Y también sobre los siervos y sobre las siervas derramaré mi Espíritu en aquellos días» (Joel 2:28-29).
3. *El testimonio de miles de creyentes*: Muchos creyentes llenos del Espíritu Santo han tenido visiones del traslado de la Iglesia. Algunos han tenido visitas de ángeles que les han dicho, «Cristo viene pronto.»
4. La mayor labor evangelizadora y misionera: La Iglesia de esta generación ha alcanzado más vidas y lugares que la de generaciones pasadas. Los medios de comunicación de la Iglesia son múltiples (radio-evangelización, tele-evangelización, evangelización masiva). Alguien ha descrito la Iglesia de esta generación como: «la Iglesia electrónica».

CONCLUSIÓN: El himnólogo pensando sobre el traslado de la Iglesia, tuvo que escribir:

«Yo espero el día alegre cuando Cristo volverá,
pues vendrá al mundo pronto y nos arrebatará;
¡Oh, qué gozo este pensamiento a mi alma da:
El que Cristo venga al mundo otra vez!»
(Jesús vendrá otra vez, Himnos de gloria, número 3).

LA LITURGIA PENTECOSTAL

«Y aunque sea derramado en libación sobre el sacrificio y servicio (leitourgia) de vuestra fe, me gozo y regocijo con todos vosotros» (Filipenses 2:17).

INTRODUCCIÓN: La palabra liturgia viene del griego «leitourgia» que significa: servicio, ministerio, culto, ofrenda, sacrificio. En el original griego se emplea en los siguientes pasajes (Lucas 1:23, «oficio»; 2 Corintios 9:12 «servicio»; Filipenses 2:17, 30, «servicio»; Hebreos 8:6, 9:21, «ministerio»).

La manera como una iglesia expresa su adoración a Dios, es su liturgia o servicio. Las denominaciones históricas se han hecho dueñas de esta palabra «liturgia». Es tiempo de que los pentecostales reconozcan que ellos también tienen su liturgia. Es sobre esta liturgia pentecostal que queremos reflexionar.

I. Es autóctona:

1. Se adapta a la cultura.
2. Se adapta a las congregaciones.
3. Se adapta a la época.

II. Es contagiosa:

1. La adoración es espontánea.
2. La participación es de todos los creyentes o un gran número.

3. La alabanza goza de libertad dentro de las estructuras.
4. La persona «completa» es contagiada en lo emocional, lo físico y en lo espiritual.

III. Es Kerygmática:

1. Kerygma se traduce del griego como «proclamación».
2. El pentecostal ha desarrollado su propio estilo de predicación.
3. La predicación pentecostal se distingue porque es:

   A. Dinámica.
   B. Dramática.
   C. Sencilla.
   D. Emocional.
   E. Profética.
   F. Evangelizadora.
   G. Dialogadora.

IV. Es experimental:

1. El creyente pentecostal busca sentir algo en la liturgia.
2. La predicación y la música es para que el creyente se sienta mejor.

   A. Se cantan pocos himnos y muchos coros.
   B. Los coros se repiten hasta que el éxtasis emocional se apodera de los participantes.
   C. Los coros pausados y quietos no son los favoritos.
   D. Los predicadores quietos y de hablar pausado no son los favoritos.

3. El efecto del mensaje no se evalúa por su contenido

exegético, teológico u homilético, sino por la respuesta que se haga al llamado para el altar.

CONCLUSIÓN: Si las denominaciones históricas estudiaran más de cerca a sus hermanos pentecostales, aprenderían que, parte del secreto de éstos para crecer, está descifrado en su liturgia. Amén.

LA MEJOR RECOMENDACIÓN

«¿Comenzamos otra vez a recomendarnos a nosotros mismos? ¿O tenemos necesidad, como algunos, de cartas de recomendación para vosotros, o de recomendación de vosotros? Nuestras cartas sois vosotros, escritas en nuestros corazones, conocidas y leídas por todos los hombres; siendo manifiesto que sois carta de Cristo expedida por nosotros, escrita no con tinta, sino con el Espíritu del Dios vivo; no en tablas de piedra, sino en tablas de carne de corazón» (2 Corintios 3:1-3).

INTRODUCCIÓN: Pablo les presenta dos interrogantes a los creyentes de Corinto, a manera de ironía para corroborarlos en el hecho de que él, como apóstol, no necesita estarse recomendando a sí mismo, menos dirigirse a ellos con alguna carta de recomendación o pedirle que expidieran alguna. Su ministerio entre ellos es la mayor recomendación.

I. «Nuestras cartas sois vosotros.»

1. La mayor recomendación de un líder son los creyentes que se han beneficiado de su ministerio.
2. Quien nos conoce puede hablar de lo que somos.
3. Tristemente, muchos líderes, han escrito en la vida de muchos feligreses una carta de mala recomendación.
4. El creyente es una carta escrita:

   A. Cuando el líder tiene lugar en su corazón, «escritas en nuestros corazones».
   B. Cuando el mundo puede leer en su vida su testimonio, «conocidas y leídas por todos los

hombres». Da pena decirlo, pero muchos creyentes son cartas mal redactadas, confusas, difíciles de ser leídas.

C. El Nuevo Testamento Viviente traduce 2 Corintios 3:2 como sigue: «Nuestra mejor carta son ustedes mismos. Cualquiera que vea los cambios que se han operado en el corazón de ustedes sabrá evaluar la buena obra que hemos realizado entre ustedes.»

II. «Siendo manifiesto que sois carta de Cristo expedida por nosotros.»

1. Pablo dice a los corintios que ellos son cartas de Cristo, pero que él sólo fue el escritor.
2. El líder escribe en el carácter de cada creyente disciplina, amor, compasión, servicio y dedicación.
3. Todo líder debe recordar que a quien los creyentes deben revelar es a Cristo y no a él.

III. «Escrita no con tinta, sino con el Espíritu del Dios vivo; no en tablas de piedra, sino en tablas de carne del corazón.»

1. La obra que se realiza en los creyentes, no es por menos esfuerzos humanos, sino por la intervención del Espíritu Santo.

A. No es que nos transformemos en luz, sino que Cristo nos hizo «luz».
B. No es que deseemos ser pámpanos, sino que en el Señor, somos hechos «pámpanos».

2. La «tinta» describe lo pasajero, lo que se borra; el Espíritu habla de lo eterno, lo que permanece.
3. La salvación es más que una reacción emocional

o un asentimiento intelectual; es una transformación del «corazón».

A. Las «tablas de piedra» nos recuerdan de un cambio exterior sin una transformación interior.
B. Las «Tablas de carne en el corazón » hablan de un cambio espiritual.
C. La «glaucoma» de muchas denominaciones es que proselitizan y dogmatizan, antes de que Cristo transforme.

CONCLUSIÓN: Nuestra conducta revelará lo que está escrito sobre nosotros. El Señor nos llama a ser cartas abiertas y no cerradas. Amén.

LA MUJER Y MADRE EJEMPLAR

«¿Mujer virtuosa, quién la hallará? Porque su estima sobre-pasa largamente a las piedras preciosas» (Proverbios 31:10).

INTRODUCCIÓN: La expresión una «mujer virtuosa» según la traducción clásica Reina-Valera limita el sentido del vocablo hebreo. En los días de Casiodoro de Reina, signifi-caba: autoridad, fuerza y valentía. Pero cuatro siglos y medio después, es para muchos sinónimo de bondad y de hábitos buenos.

La mujer de Proverbios 31:10-31, es una mujer activa, fuerte, de carácter templado. Algunas versiones bíblicas en vez de «virtuosa» rinden: «hacendosa» (NBE); «completa» (BJ); «perfecta» (NBL); «fuerte» (NC); «ejemplar» (DHH).

I. Por su estima -«... Porque su estima sobrepasa larga-mente a la de las piedras preciosas» (verso 10).

1. Es de un valor incalculable.
2. Es de una comparación inigualable.

II. Por su fidelidad -«El corazón de su marido está en ella confiado...»

1. No hará nada que él tenga que reprocharle.
2. Es casta y honesta.

III. Por su carácter -«Le da ella bien y no mal todos los días de su vida» (verso 12).

1. Le hace feliz hoy y mañana.
2. Le satisface en todo.

IV. Por su trabajo -«... y con su voluntad trabaja con sus manos» (verso 13).

    1. La versión Dios Habla Hoy, rinde: «... y con placer realiza labores manuales».
    2. No hace el trabajo de mala gana o porque se siente obligada.

V. Por su sacrificio -«Se levanta aún de noche y da comida a su familia...»

    1. El texto se refiere más bien a la madrugada.
    2. Ella es una buena economista de su tiempo.

VI. Por su administración -«Ve que van bien sus negocios; su lámpara no se apaga de noche» (verso 18).

    1. No se descuida en su deber.
    2. No deja nada a mitad.

VII. Por su compasión -«Alarga su mano al pobre...» (verso 20).

    1. No es egoísta.
    2. Ama a su prójimo.

VIII. Por su responsabilidad -«No tiene temor de la nieve por su familia, porque toda la familia está vestida de ropas dobles» (verso 21).

    1. No espera al invierno para prepararse.
    2. Cuida por la salud de la familia.

IX. Por su confianza -« Y se ríe de lo por venir» (verso 25).

1. Acepta el futuro con optimismo.
2. La Biblia al Día, rinde: «... no le teme a la vejez».

X. Por su sabiduría -«Abre su boca con sabiduría...» (verso 26).

1. No habla por hablar.
2. Habla con entendimiento.
3. No habla por entrometimiento.

XI. Por su cuidado -«Considera los caminos de su casa, y no come el pan de balde» (verso 27).

1. Vela por la buena marcha de su hogar.
2. No es ociosa, busca para su sustento.

CONCLUSIÓN: «Dios no podía estar corporalmente en todas partes, y por esto hizo a las madres» (Proverbio judío.)

LA OBRA DEL
ESPÍRITU SANTO

«Pero yo os digo la verdad: os conviene que yo me vaya; porque si no me fuere, el Consolador no vendría a vosotros; mas si me voy, os lo enviaré» (Juan 16:7, RV-1977).

INTRODUCCIÓN: El Espíritu Santo, como la tercera persona de la Santísima Trinidad, vino a cumplir una misión con y dentro de la Iglesia. En el plan salvífico es el sucesor representativo del Señor Jesucristo. Él vino a completar lo que Jesús había comenzado. Por lo tanto, el Espíritu Santo y el Espíritu de Cristo en la teología neotestamentaria son sinónimos en su obra. Es innegable que donde está una persona de la Trinidad están las otras dos divinas personas.

I. *Consuela* -«Os conviene que yo me vaya; porque si no me fuere, el Consolador no vendría a vosotros; mas si me voy, os lo enviaré» (v. 7).

   1. El anuncio que el mismo Señor hizo de su muerte, resurrección y ascenso había llenado de consternación los corazones de sus angustiados discípulos que habían aprendido a amarlo y lo necesitaban.
   2. El término griego para Consolador es «Paracletos». En 1ª Juan 2:1 se rinde «abogado».

      A. Es un representante legal del creyente.
      B. Es uno que no necesita buscar pruebas porque ya las conoce.

C. Mientras Jesús aboga en el cielo, el Espíritu Santo aboga en la tierra.

3. Jesús, en su cuerpo físico, tenía limitaciones. En la persona del Espíritu Santo no tiene limitaciones.

II. Redarguye -«Y cuando Él venga, redargüirá al mundo de pecado, de justicia y de juicio» (v. 8).

1. El término griego para «redargüirá» es «elegchein». Implica la idea de interrogar hasta que la persona acepte su culpa.

2. Los testigos de Jehová sustituyen el nombre «Consolador» por «ayudante» (v. 7) y el pronombre «él» por «ése» (v. 8).

A. El término «ayudante» le quita poder y autoridad al Espíritu Santo.

B. La sustitución de «ése» en lugar del pronombre «él» hace del Espíritu Santo una cosa. Lo cual es algo contrario a la realidad escrituraria de su persona.

3. La tarea del Espíritu Santo en su obra de redargüir es triple (vv. 9 al 11).

A. «De pecado, por cuanto no creen en mí.» La presencia del Espíritu Santo hace del ser humano consciente de su pecado. El ser humano convicto de su pecado puede entonces creer en Jesús.

B. «De justicia, por cuanto voy al Padre, y no veréis más.» La obra del Espíritu Santo es hacernos ver la justicia de Cristo (Hechos 2:36-37; 7:52).

C. «Y de juicio, por cuanto el príncipe de este

mundo ha sido ya juzgado.» El Espíritu Santo hace convicto de pecado al mundo. Pero da al creyente redimido el testimonio y seguridad del perdón. Dice William Barclay: «El Espíritu Santo nos condena por nuestro pecado y nos convence de que tenemos un Salvador» (El Nuevo Testamento, vol. 6, Editorial Aurora, pág. 215).

III. *Guía* -«Pero cuando venga el Espíritu de verdad, él os guiará a toda verdad; porque no hablará por su propia cuenta, sino que hablará todo cuanto oiga, y os hará saber las cosas que habrán de venir» (v. 13).

1. La expresión «toda la verdad» y la revelación de Dios son sinónimas en su contenido. La obra del Espíritu Santo es hacer asequible a los seres humanos la verdad de Dios (Juan 1:7 cf. 14:6).
2. La revelación de Dios responde a un orden natural y sobrenatural.

   A. *Es progresiva.* Jesús no les enseñó muchas cosas a sus discípulos porque no era el tiempo.
   B. *Es absoluta.* Revela toda la verdad. No está limitada a los teólogos ni a los predicadores. Es para todos los creyentes que son capaces de recibirla en su espíritu.
   C. *Es divina.* Es Dios quien asoma a la ventana de la historia humana. Es Dios, en Jesús, quien le da un abrazo al ser humano. Por lo tanto, la revelación es un don de Dios. La verdad llega a nosotros por el Espíritu Santo.
   D. *Es aceptada.* ¿De quién? De la persona del Señor Jesucristo. Jesús es el originador de la verdad de Dios. Dice Barclay: «Cuanto más cerca de Jesús vivamos, más lo conoceremos.

Cuanto más nos parezcamos a Él, más será lo que nos pueda decir. Para gozar de su revelación debemos aceptar su autoridad» (El Nuevo Testamento, vol. 6, páginas 218-219).

IV. *Glorifica* -«Él me glorificará; porque tomará de lo mío y os lo hará saber. Todo lo que tiene el Padre es mío; por eso dije que tomará de lo mío, y os lo hará saber» (vv. 14 al 15).

1. La obra del Espíritu Santo es exaltar a Cristo.
2. Notemos las frases: «tomará de lo mío», «lo que tiene el Padre es mío», «tomará de lo mío».
3. ¿Podremos nosotros glorificar al Señor por todo lo que nos ha dado?

CONCLUSIÓN: ¿Cómo describiría usted su experiencia con el Espíritu Santo? ¿De qué manera el Espíritu Santo redarguye al mundo del pecado? ¿Ha sido el Espíritu Santo un Consolador para usted? Explíquese. Mencione algunas maneras como el Espíritu Santo le ha guiado en su vida personal. De algunos ejemplos de la revelación divina conforme a la Biblia. ¿Cómo le demostraría a un Testigo de Jehová que el Espíritu Santo es una persona?

LA ORACIÓN DE
ACCIÓN DE GRACIAS

«Con gozo, dando gracias al Padre que nos hizo aptos para participar de la herencia de los santos en luz; el cual nos ha librado de la potestad de las tinieblas, y trasladado al reino de su amado Hijo, en quien tenemos redención por su sangre, el perdón de pecados» (Colosenses 1:12-14).

INTRODUCCIÓN: Damos gracias al Señor porque nos permite el poder celebrar un día más de Acción de Gracias. Un día como éste, que para muchos se ha convertido en la celebración del pavo, yo le invito a que elevemos nuestro corazón hacia el Creador, y que le demos gracias por todo y en todo. El pasaje que he citado nos invita a darle gracias a Dios por cuatro cosas, a saber: la herencia, la liberación, el traslado y la redención.

I.   Gracias por la herencia – «Con gozo, dando gracias al Padre que nos hizo aptos para participar de la herencia de los santos en luz...» (vers. 12).

   1.   «Con gozo, dando gracias al Padre.»

      A.   Gracias por las bendiciones pasadas.
      B.   Gracias por las bendiciones presentes.
      C.   Gracias por las bendiciones futuras.

   2.   «que nos hizo aptos».

A. Por la adopción.
B. Por la santificación.

3. «para participar de la herencia de los santos en luz».

    A. El creyente es «luz» (Mateo 5:14) porque Jesús es «luz» (Juan 8:12).
    B. El creyente es «luz» por su conversión (Hechos 26:18).
    C. El creyente es «luz» porque tiene conocimiento, gozo, amor, pureza y consuelo.

II. Gracias por la liberación – «el cual nos ha librado de la potestad de las tinieblas...» (vers 13).

    1. Ahora no andamos en tinieblas.
    2. Ahora no somos ignorantes.
    3. Ahora sabemos lo que hacemos.

III. Gracias por el traslado – «y trasladado al reino de su amado Hijo...» (vers. 13).

    1. Jesús descendió del cielo para trazarnos el camino al mismo (Juan 3:13).
    2. Jesús, como heredero celestial, vino a compartir su herencia, haciéndonos coherederos (Romanos 8:17).
    3. Jesús nos ha sentado con él en lugares celestiales (Efesios 2:6).

IV. Gracias por la redención – «en quien tenemos redención por su sangre, el perdón de pecados» (vers. 14).

    1. El termino «redención» se emplea en relación con esclavitud.

A. Redimidos del pecado.
B. Redimidos de la condenación eterna.
C. Redimidos de nuestra impotencia.
D. Redimidos de nuestra ignoracia.

2. El pago de nuestra redención fue «por su sangre».

A. Significa que murió en nuestro lugar.
B. Significa que dio su vida para que tengamos vida.
C. Significa que continúa siendo el sacrificio por nosotros (Apocalipsis 5:6).

3. La redención ha provisto «el perdón de pecados».

A. Sean de omisión o de comisión.
B. Sean pasados, presentes y futuros.

ORACIÓN: Señor Jesucristo, gracias te damos por haberte ofrecido como sustituto nuestro en la cruz del Calvario. Lo que Tú hiciste por nosotros no tiene precio humano ninguno. Pero en este día, en actitud de gratitud me ofrendo a Ti. Amén.

LA PIEDRA QUE HABLA

«Y hubo un gran terremoto; porque un ángel del Señor, descendiendo del cielo y llegando, removió la piedra, y se sentó sobre ella» (Mateo 28:2).

INTRODUCCIÓN: El relato de Marcos sobre la resurrección parte con el interrogante formulado por las mujeres: «¿Quién nos removerá la piedra de la entrada del sepulcro?» (Marcos 16:3). Esta pregunta continúa haciendo eco en las paredes de la existencia humana. Cada vez que el olor de la muerte nos rodea y el sepulcro apresa el cuerpo de un ser querido decimos: «¿Quién removerá la piedra?» En esta predicación les invito a escuchar a la piedra hablando de muerte, de resurrección y de descanso.

I.   La piedra habla de muerte:

    1.   En al antigüedad los sepulcros se hacían en las cuevas o se abrían en las peñas (Mateo 27:60). Después de depositados los cadáveres, se cubría la entrada al mismo con grandes piedras giratorias que podían hasta pesar una tonelada.

    2.   Según el relato bíblico, Jesús fue sepultado en el sepulcro nuevo de José de Arimatea, y éste supervisó el cierre del mismo (Mateo 27:57-60).

        A.   Esto ocurrió un viernes a la noche. A eso se refiere la expresión, «cuando llegó la noche» (Mateo 27:57).

315

B. Esa noche María Magdalena y la otra María,
madre de Jacobo y de José y madre del Señor,
se quedaron un buen rato sentadas frente a
aquel sepulcro (Mateo 27:61).

3. A petición de los principales sacerdotes y fariseos,
Pilato dio orden el día sábado de asegurar, sellar
y hacer guardia romana ante la piedra del sepulcro
del Señor (Mateo 27:62).

APLICACIÓN: Esa piedra presenta tres problemas a la
humanidad: (1) *El tamaño*, Marcos nos dice «que era muy
grande». La muerte es el problema más grande que todos
tendremos que encarar. (2) *El sello*, «y aseguraron el sepulcro
sellando la piedra». En Hebreos 9:27 leemos: «Y de la
manera que está establecido para los hombres que mueran
una sola vez, y después de esto, el juicio». (3) *La protección*,
«y poniendo la guardia». Así como no podemos escapar del
sepulcro o eludir la muerte, tampoco ningún esfuerzo humano
nos librará.

II. La piedra habla de resurrección:

1. Los tres días que seguían a la sepultura, se marca-
ban por las frecuentes visitas al sepulcro de los
deudos. En la antigua Palestina existía la supersti-
ción de que el espíritu del fallecido, por tres días,
merodeaba el cadáver de éste hasta que la descomposición comenzaba a desfigurarlo.
2. El día sábado nadie fue al sepulcro del Señor
porque hacerlo hubiera sido una violación a la ley
judaica.
3. En cuanto a la muerte, sepultura y resurrección de
Jesús cabe decir:

A. María Magdalena, junto a otras mujeres, estuvo de testigo en el Calvario (Mateo 27:56).

B. María Magdalena, junto a la otra María, se sentó frente al sepulcro la noche de la sepultura (Mateo 27:61).

C. María Magdalena y la otra María «muy de mañana» (Marcos 16:2, en el griego se lee «proi» que se refiere a la cuarta vigilia) llegaron al sepulcro (Mateo 28:1)

D. María Magdalena había estado poseída por siete demonios (Marcos 16:9) y el Señor la libertó. ¡Cuán agradecida estaba!

4. La piedra movida milagrosamente mediante «un gran terremoto» y «un ángel del Señor» es una fuerte evidencia apologética e histórica de la resurrección de Cristo.

APLICACIÓN: Aunque las puertas cerradas en Gaza, querían aprisionar a Sansón, cuando llegó la medianoche, las arrancó con sus pilares y cerrojos y se las puso en el hombro. Un día, esa piedra de la tragedia y el dolor humano que tiene cerrados muchos sepulcros, será removida. ¡Alabado sea el Señor!

III. La piedra habla de descanso:

1. Mateo declara del ángel, «y se sentó sobre ella».

A. Sentado descansa sobre la realidad de un Jesús vivo y no meramente histórico.

B. Sentado descansa no sobre un recuerdo sino sobre una experiencia.

C. Sentado descansa no sobre un conocimiento acerca de Jesús, sino sobre el hecho de que Jesús resucitó.

2. Sentado sobre esa piedra el ángel comunica un mensaje de cuatro puntos homiléticos:

A. Un mensaje de *consolación*, «No temáis vosotras; porque yo sé que buscáis a Jesús, el que fue crucificado» (Mateo 28:5).

B. Un mensaje de *esperanza*, «No está aquí, pues ha resucitado» (Mateo 28:6).

C. Un mensaje de *seguridad*, «Venid, ved el lugar donde fue puesto el Señor» (Mateo 28:6).

D. Un mensaje de *comisión*, «E id pronto y decid a sus discípulos que ha resucitado de los muertos y, he aquí va delante de vosotros a Galilea; allí le veréis...» (Mateo 28:7).

APLICACIÓN: Sobre la piedra de la resurrección descansa nuestra fe cristiana, y nuestra esperanza en un más allá victorioso.

CONCLUSIÓN: Querido hermano, un día nuestro sepulcro estará cerrado, sellado y guardado en la tranquilidad y el silencio de algún cementerio. Para el que no tiene esperanzas en la resurrección, ahí se acabó todo; pero para ti y para mí será un comienzo. ¡Algún día nuestra piedra también hablará! Amén.

LA TAREA DEL
VERDADERO SIERVO

«Quién de vosotros, teniendo un siervo que ara o apacienta ganado, al volver él del campo, luego le dice: ¡Pasa, siéntate a la mesa! No le dice más bien: ¡Prepárame la cena, cíñete, y sírveme hasta que haya comido y bebido; y después de esto, come y bebe tú! ¿Acaso da gracias al siervo porque hizo lo que se le había mandado? Pienso que no. Así también vosotros, cuando hayáis hecho todo lo que os ha sido ordenado, decid: Siervos inútiles somos, pues lo que debíamos hacer, hicimos» (Lucas 17:7-10).

INTRODUCCIÓN: Ante nosotros tenemos una porción que es única en su contenido y aplicación. Sólo Lucas, el escritor del evangelio que lleva su nombre, registra las palabras dadas por el Señor a sus discípulos en esta ocasión. En estos cuatros versículos descubrimos la tarea del verdadero siervo. Al particular, ha dicho William Barclay: «Los versículos 7 al 10 nos dicen que no podemos pretender que Dios nos deba algo. Cuando hayamos hecho lo mejor que podamos sólo habremos cumplido con nuestro deber; y el que ha cumplido con su deber, sólo ha realizado lo que, en todo caso, estaba obligado a hacer» (El Nuevo Testamento comentado, Lucas, volúmen 4, Editorial La Aurora, página 211).

I.   La primera pregunta revela *responsabilidad* de parte del siervo (verso 7).

1.   El siervo es aquel que trabaja para su señor.

2. Notemos que el siervo del pasaje bíblico araba y apacentaba el ganado.

A. Su trabajo era doble. No tenía una función específica.
B. Su trabajo demandaba energía (arar) y paciencia (apacentar).
C. Aquí vemos una doble tarea espiritual: (1) La de preparar los corazones para la siembra espiritual. (2) La de dirigir a otros en su alimentación espiritual.

3. A pesar de haber realizado todo su trabajo no tiene derecho a sentarse a la mesa.

A. El trabajo del siervo no termina dejando de arar y de apacentar.
B. El sentarse a la mesa no es algo que él decide sino su señor.
C. Muchos fracasan como siervos cuando actúan dentro de su propia voluntad y no en la del Señor Jesucristo.

II. La segunda pregunta revela *obediencia* de parte del siervo (verso 8).

1. Antes de sentarse a la mesa tiene que prepararle la cena a su señor.

A. El Señor Jesucristo es primero en la vida del creyente.
B. Primero servimos al Señor, y luego nos servimos a nosotros mismos.

2. Sin ceñirse el siervo no debe servirle a su señor.

A. El término «cíñete» equivale a «vístete».

B. La manera de vestir dice mucho cuando esta-
    mos sirviéndole al Señor.

C. Al Señor no se le puede servir con los harapos
    del pecado o con el traje de la vieja naturaleza:

«Porque somos sepultados juntamente con él
para la muerte por el bautismo, a fin de que
como Cristo resucitó de los muertos por la gloria del Padre, así también nosotros andemos
en vida nueva» (Romanos 6:4).

«De modo que si alguno está en Cristo, nueva
criatura es; las cosas viejas pasaron; he aquí
todas son hechas nuevas» (2 Corintios 5:17).

«En cuanto a la pasada manera de vivir, despojaos del viejo hombre, que está viciado
conforme a los deseos engañosos, y renovaos
en el espíritu de vuestra mente, y vestíos del
nuevo hombre, creado según Dios en la justicia y santidad de la verdad» (Efesios 4:22-24).

3. Cuando el siervo ve a su señor satisfecho, entonces
    puede pensar en sus propias necesidades.

A. Sin adoración en el espíritu, el Señor Jesucris-
    to no está satisfecho (Juan 4:24).

B. Sin reverencia genuina, el Señor se queda in-
    satisfecho.

C. Léase el Salmo 37:4 y Mateo 6:33.

III. La tercera pregunta revela *agradecimiento* de parte del
     siervo (verso 9).

1. ¿Es correcto que el señor dé gracias a su siervo por
    haber arado, apacentado, ceñirse y por servirle la
    mesa? No, mil veces no.

2. El siervo simplemente «hizo lo que se le había mandado». Era posible que hiciera de menos pero no de más.
3. Somos nosotros, como creyentes, los que tenemos que dar gracias al Señor Jesucristo. No éste a nosotros.

    A. Démosle gracias por la obra monumental de la salvación que ha aplicado a nuestras vidas.
    B. Démosle gracias por el tiempo que Él tiene a nuestra disposición para escucharnos y atendemos.
    C. Démosle gracias por el gran privilegio que nos concede de ser siervos. El ser llamado siervo es el máximo privilegio que usted y yo podemos tener.
    D. Démosle gracias porque para su obra no trabajamos por simple iniciativa propia, sino que somos dirigidos por el Señor.

CONCLUSIÓN: En Lucas 17:10 se nos da el resumen o la verdad central de lo que el Señor quería enseñar: «Así también vosotros, cuando hayáis hecho todo lo que nos ha sido ordenado, decid: Siervos inútiles somos, pues lo que debíamos hacer, hicimos». En el Testamento Nueva Vida se parafrasea: «Con ustedes es lo mismo. Cuando hayan terminado de hacer lo que les dijeron, deben decir: No somos obreros especiales, porque sólo hicimos lo que debíamos hacer.»

En el Señor Jesucristo tenemos el máximo ejemplo de ser un verdadero siervo: «Mas entre vosotros no será así, sino que el que quiera hacerse grande entre vosotros será vuestro servidor, y el que quiera ser el primero entre vosotros será vuestro siervo; como el Hijo del Hombre no vino para ser servido, sino para servir, y para dar su vida en rescate por muchos» (Mateo 20:26-28).

LO QUE CONFESAMOS

«Porque cual es su pensamiento en su corazón, tal es él...» (Proverbios 23:7).

«Yo os he entregado, como lo había dicho a Moisés, todo lugar que pisare la planta de vuestro pie» (Josué 1:3).

«... Si puedes creer, al que cree todo le es posible» (Marcos 9:23).

INTRODUCCIÓN: Según la Biblia, el hombre es producto de sus pensamientos. Los pensamientos que uno confiesa determinarán lo que uno es, lo que uno puede alcanzar, y lo que uno podría recibir. Las promesas bíblicas están apoyadas sobre la premisa de la confesión. No culpemos a nadie por nuestro mal carácter, culpémonos a nosotros mismos. No digamos, «Aquella persona tiene la culpa por mis fracasos.» Más bien aceptemos, «Yo soy responsable por mis fracasos.» La actitud que el creyente exprese de fe o dudas, de optimismo o pesimismo dará las victorias o las derrotas.

I. Lo que confesamos somos (Proverbios 23:7).

1. Uno es lo que piensa de sí.
2. La autoprogramación es responsable por nuestro carácter y conducta.
3. El «yo» puede ser nuestro mejor amigo o el peor enemigo. En cada uno de nosotros el «yo» se manifiesta de manera cuádruple:

   A. El «yo público»: Es lo que conozco de mí y deseo que otros conozcan.

B. El «yo privado»: Es lo que conozco de mí y escondo de otros.

C. El «yo ciego»: Es lo que no conozco de mí, pero otros sí lo conocen.

D. El «yo desconocido»: Es lo que yo no conozco de mí, pero otros tampoco lo conocen.

4. La presencia de Cristo en el trono de nuestro corazón mejora lo que somos.

II. Lo que confesamos, alcanzamos (Josué 1:3).

1. A medida que los ejércitos hebreos, con su caudillo Josué, pisaban la tierra prometida, confesaban que la misma era de ellos.

2. Las metas son para los que desean llegar.

3. El triunfo es para el que lo intente y esté dispuesto a pagar el precio.

4. Los pensadores de imposibilidades o los creyentes que confiesan dudas se encadenan a las derrotas.

5. Piense que todo lo puede en Cristo y lo podrá (Filipenses 4:13).

6. Pablo dijo: «... olvidando ciertamente lo que queda atrás, y extendiéndome a lo que está delante» (Filipenses es 3:13).

A. Olvidemos los fracasos y extendámonos al éxito.

B. Olvidemos nuestra incapacidad y alcancemos la capacidad que el Espíritu Santo nos dará.

7. Permitámosle a Dios realizar su «querer como el hacer, por su buena voluntad» (Filipenses 2:13).

III. Lo que confesamos, recibimos (Marcos 9:23).

1. La gran invitación del evangelio es «creer».

A. Nada complicado.
B. Nada difícil.
C. Algo simple.

2. El que confiesa los síntomas de una enfermedad, invita a la misma para que esté presente.

    A. Un predicador decía, «No diga: "tengo esta enfermedad", sino: "tenía aquella enfermedad"».
    B. Los síntomas no nos deben hacer dudar de nuestra fe.

3. Todas las promesas divinas y bíblicas son para los que las confiesan. El que confiesa, recibe.
4. «Pedid, y se os dará; buscad, y hallaréis; llamad, y se os abrirá» (Mateo 7:7).
La fórmula divina es: Oración + Fe = Milagro

CONCLUSIÓN: La *confesión* no es un mero asentimiento del intelecto y de las emociones, sino el resultado de un corazón que expresa fe basada en la revelación de la Palabra de Dios.

LOS CUATRO LEPROSOS

«Había a la entrada de la puerta cuatro hombres leprosos, los cuales dijeron el uno al otro: ¿Para qué nos estamos aquí hasta que muramos? Si tratáremos de entrar en la ciudad, por el hambre que hay en la ciudad moriremos en ella; y si nos quedamos aquí, también moriremos. Vamos, pues, ahora, y pasemos al campamento de los sirios; si ellos nos dieren la vida, viviremos; y si nos dieren la muerte, moriremos... Luego se dijeron el uno al otro: No estamos haciendo bien. Hoy es día de buena nueva, y nosotros callamos; y si esperamos hasta el amanecer, nos alcanzará nuestra maldad. Vamos pues, ahora, entremos y demos la nueva en casa del rey» (2 Reyes 7:3-4, 9).

INTRODUCCIÓN: La enfermedad de la lepra era la más repugnante dentro del contexto cultural-social-hebreo. En la ley leemos del leproso: «... será inmundo; estará impuro, y habitará solo; fuera del campamento será su morada» (Levítico 13:46). En su descripción física se dice del leproso que, «... llevará vestidos rasgados y su cabeza descubierta, y embozado pregonará: ¡Inmundo! ¡Inmundo!» (Levítico 13:45). Esta información nos proporciona un cuadro exacto del sufrimiento, de la amargura y de la afrenta que experimentaba un leproso. En esta ocasión nuestra exposición estará ocupada por cuatro leprosos.

I. Estaban unidos – «Había a la entrada de la puerta cuatro hombres leprosos...» (verso 3).

    1. Los leprosos formaban sus comunidades.
    2. Compartían una misma necesidad.

3. Estaban unidos para sobrevivir.
4. Ninguno era superior o mejor entre ellos.
5. El ser diferentes los llevó a organizarse.

II. Llegaron a un mismo consenso – «... Vamos, pues, ahora, y pasemos al campamento de los sirios...» (verso 4).

1. Todo grupo confronta problemas que determinarán su existencia o desaparición.
2. Entre ellos, después de una seria reflexión surge una resolución: «¿Para que nos estamos aquí hasta que muramos?» (verso 3).

   A. La Nueva Biblia Española rinde: «¿Qué hacemos aquí esperando la muerte?»
   B. Cuando el problema se levanta, un plan de acción se tiene que formular.

3. Después de aprobada la resolución entran en un debate:

   A. «Si tratáremos de entrar en la ciudad, por el hambre que hay en la ciudad moriremos en ella» (verso 4a). Ésta es la primera alternativa.
   B. «... y si nos quedamos aquí, también moriremos» (verso 4b). Ésta es la segunda alternativa.
   C. El debate revela que su grupo está pronto a desaparecer si es que no se hace algo pronto.

4. El debate los lleva a enfocar una tercera alternativa: «Vamos, pues, ahora, y pasemos al campamento de los sirios...» (verso 4c).

   A. «Vamos», determinación unánime.
   B. «pues, ahora», prioridad inmediata.

C. «y pasemos al campamento de los sirios», meta propuesta.

5. La resolución que se levantó en este concilio de cuatro hombres podía ser conflictiva.

A. Una votación dividida, dos y dos, nada hubiera hecho.
B. Si votaban tres contra uno, lo misma pasaría, pero quizás aquel miembro–minoría se independizaba.
C. Los dos a favor y los dos en contra podían entrar en una lucha por poder. El bando más fuerte dominaría y el más débil sería oprimido. La división sería inminente.
D. Podían entrar en un compromiso, pero ¿hasta cuándo?

6. La reflexión es: En medio de un conflicto hay que llegar a un consenso. O sea, todos tienen que estar de acuerdo para el bienestar del grupo.

III. Compartieron la misma aventura -«Se levantaron, pues, al anochecer, para ir al campamento de los sirios... no había allí nadie» (verso 5).

1. Una resolución sin un plan de acción deja todo sobre la mesa.
2. Los cuatro se levantaron.
3. Ninguno se recostó o esperó a que el otro hiciera todo.
4. Dios había encargado de hacer un trabajito en el campamento sirio, enviando a un ejército de sus ángeles para que hicieran un poco de ruido. Ante el estruendo y el ruido los sirios huyeron (verso 6).

IV. Sintieron la misma responsabilidad -«... No estamos

haciendo bien. Hoy es día de buena nueva y nosotros callamos...» (verso 9).

1. De los leprosos leemos que «entraron», «comieron», «bebieron», «tomaron» y «escondieron» (verso 8).

   A. Cuando entraron a la primera tienda pensaron en ellos nada más.
   B. En la segunda tienda se acordaron de sí mismos.

2. Como si un telegrama espiritual de Dios les hubiera llegado a los cuatro, reconocen que no están haciendo lo correcto: «No estamos haciendo bien».

   A. Mientras ellos se benefician el pueblo dentro de la ciudad está pereciendo.
   B. No es el momento de abrigar resentimientos o de cultivar una venganza religiosa.

3. Resuelven ejercer un ministerio de proclamación, «es día de buena nueva, y nosotros callamos».

   A. Tenían que dar a conocer a otros su experiencia.
   B. Quien calla cuando su voz debe escucharse se hace aliado del enemigo.
   C. No podemos callar cuando es día de buena nueva, salgamos y vayamos.

CONCLUSIÓN: Aprendamos de los cuatro leprosos que es mejor fracasar intentando hacer algo, que no triunfar sin hacer nada. La decisión de ellos convirtió aquel «anochecer» de fatalidad en vitalidad. Amén.

LOS HOMBRES Y MUJERES DE DIOS SON ALTOS

«Había un varón de Benjamín, hombre valeroso, el cual se llamaba Cis... Y tenía él un hijo que se llamaba Saúl, joven y hermoso. Entre los hijos de Israel no había otro más hermoso que él; de hombros arriba sobrepasaba a cualquiera del pueblo» (1 Samuel 9:1-2).

«Entonces corrieron y lo trajeron de allí; y puesto en medio del pueblo, desde los hombros arriba era más alto que todo el pueblo» (1 Samuel 10:23).

INTRODUCCIÓN: Saúl fue el primer rey que tuvo la nación de Israel. Su estatura era tal que, puesto de pie, no había hombre que se le comparara. Por encima de los hombros se aventajaba al pueblo. En la Biblia no hay nada por accidente. En cada incidente Dios tiene siempre una lección espiritual. Veamos cual es la enseñanza que el Espíritu Santo nos tiene en esta hora.

I.   Tienen una gran estatura espiritual:

1.   Sobresalen en espiritualidad.

A.   Son grandes en fe.
B.   Son de mucha consagración.
C.   Son un espejo que refleja a Dios.

2.   Por ser altos llaman la atención del pueblo.

A. El pueblo los mira continuamente.
B. El pueblo busca medirse con ellos.
C. Se les hace difícil esconderse.

3. Su estatura exige una buena alimentación espiritual.

    A. No descuidarán su apetito.
    B. Tendrán una dieta espiritual equilibrada.

II. Tienen una visión por encima del pueblo:

1. Ellos ven a todo el pueblo.
2. Lo que el pueblo no ve por los obstáculos, ellos ven por la estatura.
3. Su estatura les demanda inclinarse.

    A. Mirarán hacia arriba, pero inclinarán el rostro a los que están abajo.
    B. Estarán de pie, pero también se inclinarán a los pequeños.

III. Tienen muchas ventajas:

1. Tocan lo que otros no pueden.
2. Alcanzan las cosas difíciles.
3. Caminan a paso ligero y largo.

CONCLUSIÓN: En el libro apócrifo «Los Hechos de Pablo y Tecla» leemos: «A lo lejos, ellos vieron a un hombre viniendo (llamado Pablo), de baja estatura, calvo (o afeitado) en la cabeza, con los muslos virados, las piernas elegantes, ojos hundidos; tenía una nariz virada; estaba lleno de gracia; algunas veces parecía un hombre; otras veces tenía el semblante de un ángel» (1:7). A pesar de esta descripción apócrifa de Pablo, es innegable que, aunque fuera físicamente bajo de estatura, espiritualmente era un gigante de Dios. La estatura de los hombres de Dios se mide espiritualmente y no físicamente. ¿Te consideras un gigante de Dios? ¿Sobrepasas al pueblo de hombros para arriba?

LOS TRES ERRORES DE SAÚL

«Y Samuel respondió a Saúl: No volveré contigo; porque desechaste la palabra de Jehová, y Jehová te ha desechado para que no seas rey sobre Israel. Y volviéndose Samuel para irse, él se asió de la punta de su manto, y éste se rasgó. Entonces Samuel le dijo: Jehová ha rasgado hoy de ti el reino de Israel, y lo ha dado a un prójimo tuyo mejor que tú» (1 Samuel 15:26-28).

INTRODUCCIÓN: Tres errores de Saúl le costaron su reino, su prestigio y su relación con Dios. «Errar es humano», alguien ha dicho. Pero «errar» contra lo que Dios ordena y establece en su Palabra, es pecar. Saúl, por hacer lo que a él le daba la gana, perdió lo que Dios le había dado.

I. El primer error fue ofrecer sacrificio sin ser sacerdote (1 Samuel 13).

1. Por ser impaciente, tomó decisiones que no le correspondían (13:8-9).
2. Asumió una actitud de presunción y de orgullo propio (13:12).
3. Justificó su necia conducta (13:11).
4. En su acción desobedeció a Dios y perdió una segunda bendición (13:14).

II. El segundo error fue el prohibir al pueblo comer y sentenciar a muerte a su hijo Jonatan (1 Samuel 14).

333

1. Saúl impuso sobre el pueblo algo que Dios no le había ordenado (14:24).
2. Este ayuno obligatorio, que no era dirigido a Dios, produjo malos resultados:

   A. «Pero los hombres de Israel fueron puestos en apuro aquel día...» (14:24).
   B. «... el pueblo temía el juramento» (14:26).
   C. «... y el pueblo desfallecía» (14:28).
   D. «... pero el pueblo estaba muy cansado» (14:31).

3. Jonatan violó el reglamento de su padre por ignorancia y necesidad (14:27).
4. Jonatan no apoyó el error de su padre, «Mi padre ha turbado el país» (14:29).
5. La ley de Saúl llevó al pueblo a cometer un gran pecado contra Dios (14:32).
6. Dios cortó su comisión con Saúl, «Mas Jehová no le dio respuesta aquel día» (14:37).
7. Después de Saúl echar suertes con Jonatan a su lado y el pueblo al otro lado, descubre que la suerte tiene que estar entre él y su hijo, el resultado es que cae sobre Jonatan (14:38-42).

   A. Jonatan confiesa lo hecho (14:43).
   B. Saúl lo sentencia a muerte (14:44).
   C. El pueblo intercede por Jonatan (14:45).

8. En todo este drama, el pueblo descubre cuán insensato y obstinado es Saúl.

III. El tercer error fue desobedecer a Dios premeditadamente en cuanto a lo de Amalec (1 Samuel 15).

1. La orden de Dios fue apremiante para Saúl (15:3).

2. Saúl perdonó a Agag y a lo mejor del ganado (15:9).
3. La desobediencia de Saúl desveló a Samuel (15:11).
4. Saúl le mintió a Samuel (15:13).
5. Samuel confrontó a Saúl (15:14).
6. Saúl justificó su acción (15:15).
7. Samuel le recuerda a Saúl el llamado y el mandato de Dios (15:17-18).
8. Saúl oyó la voz de Dios a su manera (15:20-21).
9. Saúl fue rechazado por Dios (15:26-28).

CONCLUSIÓN: Si algo Dios desea enseñarnos en estos episodios de la vida de Saúl es: (1) No seamos impacientes. (2) No tomemos decisiones que Dios no apruebe. (3) No dejemos que el orgullo nos lleve al error. (4) No justifiquemos nuestra mala conducta (5) No digamos lo que Dios no ha dicho (6) No mintamos para protegernos. (7) No olvidemos de donde nos llamó Dios y lo que nos ha encargado. (8) No caigamos en el error de creer que nuestros ministerios serán vitalicios, sino hasta que Dios diga.

«MAS NO SABÍA QUE ERA JESÚS»

«Y le dijeron: Mujer, ¿por qué lloras? Les dijo: Porque se
han llevado a mi Señor, y no sé dónde le han puesto. Cuando
había dicho esto, se volvió, y vio a Jesús que estaba allí; mas
no sabía que era Jesús» (Juan 20:13-14).

INTRODUCCIÓN: María Magdalena, una mujer que el
Señor la había favorecido libertándola de siete demonios
(Marcos 16:9); y que en agradecimiento le sirvió y le siguió
hasta el sepulcro (Mateo 27:61); fue la primera persona en
testificar del Cristo resucitado (Marcos 16:9). Pero, antes de
que ella hubiera reconocido al Jesús que derrotó a la muerte,
se nos dice: «Mas no sabía que era Jesús.»

I.   Estaba llorando -«Jesús le dijo: Mujer, ¿por qué lloras?
     ¿A quién buscas? ...» (Juan 20:15).

     1.   Antes de que Jesús le hiciera esta primera pregunta,
          ya los dos ángeles le habían preguntado lo mismo
          (Juan 20:13).

          A.   Según Lucas 24:4, a estos ángeles se les llama
               «varones».
          B.   María Magdalena no reconoció que eran seres
               angelicales.
          C.   Ella les responde: «Porque se han llevado a mi
               Señor, y no sé dónde le han puesto.»

     2.   Las lágrimas en María Magdalena no le permiten
          reconocer al Señor.

A. Viéndole no le vio.
B. Oyéndole no le entendió.

3. María lloraba porque vino a buscar a un Cristo muerto.

 A. Estaba ignorante.
 B. Estaba confusa.
 C. Estaba incrédula.
 D. Estaba triste.

4. Su estado emocional fue tal, que aún se expresó tontamente:

 A. «Señor», diciéndole al hortelano, «si tú lo has llevado, dime dónde lo has puesto, y yo lo llevaré» (Juan 20:15).
 B. ¿Con qué fuerzas, una mujer como ella, hubiera cargado un cadáver sola?

5. ¿Qué aprendemos de las lágrimas de María Magdalena?

 A. El sufrimiento por un ser querido que ha fallecido no debe quitarnos la vista de su resurrección (si éste fue creyente).
 B. Nuestras lágrimas no deben empañar nuestra visión del Cristo resucitado.

II. Estaba mirando en la dirección opuesta -«Jesús le dijo: ¡María! y volviéndose ella, le dijo: ¡Raboni! (que quiere decir Maestro)» (Juan 20:16).

1. Por mirar al sepulcro le dio la espalda al Señor.
2. Hay que quitar la mirada de las cosas perecederas y así podremos mirar al Cristo que derrotó a la muerte.

3. Muchos buscan ver a Jesús mirando donde no está.
4. Los oídos de María estaban atinados para escuchar el llamado del Señor.

    A. Ese llamado, «María», la hizo volverse de su posición a la posición del Maestro.
    B. Aunque se confundió con la revelación actual de Jesús, ella reconoció su voz.

III. Estaba sorprendida -«Jesús le dijo: No me toques, porque aún no he subido a mi Padre; mas ve a mis hermanos...» (Juan 20:17).

1. Este versículo se ha prestado a muchas polémicas teológicas.
2. Aparentemente, el texto parece prohibirle a María Magdalena que toque al Cristo resucitado porque éste aún no había ascendido al cielo.
3. Son muchos los pasajes bíblicos que indican más de una posibilidad de que Jesús fuera tocado:

    A. Él invitó a Tomás para que lo tocara (Juan 20:7).
    B. Él fue tocado, más bien abrazado, por María Magdalena y «la otra María» (Mateo 28:9).
    C. Él invitó a sus discípulos a que lo tocaran (Lucas 24:39).

4. ¿Cómo debe interpretarse este versículo?

    A. Según William Barclay, lo que Jesús le sugirió a María Magdalena fue que no ocupara tanto tiempo en adorarle y que se fuera a darle las buenas nuevas a los otros discípulos.
    B. Adam Clarke, un gran bibliólogo, encuentra que la expresión griega que se traduce «no me

toques» es la palabra «aptomai» y que puede significar también «No te tomes de mí.»

5. ¿Qué aprendemos de la prohibición a María?

    A. Muchos creyentes dan todo el tiempo a la adoración y no al servicio cristiano.

    B. Hay que adorar al Señor, pero tenemos que proclamar su revelación.

CONCLUSIÓN: A Jesús tenemos que reconocerlo en nuestras lágrimas, y buscarlo en la dirección donde él está y no donde no se encuentra. Amén.

MINISTRANDO CON EL SILENCIO

«Me levantó, pues, el Espíritu, y me tomó; y fui en amargura, en la indignación de mi espíritu, pero la mano de Jehová era fuerte sobre mí. Y vine a los cautivos en Tel-abib, que moraban junto al río Quebar, y me senté donde ellos estaban sentados, y allí permanecí siete días atónito entre ellos» (Ezequiel 3:14-15).

«Así se sentaron con él en tierra por siete días y siete noches, y ninguno le hablaba palabra, porque veían que su dolor era muy grande» (Job 2:13).

INTRODUCCIÓN: Nuestro pueblo cristiano está anestesiado con las muchas predicaciones, y empachado con muchas de las clases que, por medio de los expositores bíblicos se le ofrecen los domingos. El ministerio cristiano se está transportando en el vehículo de la comunicación verbal. Al pueblo se le está diciendo lo que tiene que hacer; pero no se escucha lo que el pueblo quiere decir. En nuestro pueblo, nuestras congregaciones, nuestra gente, se revela la necesidad de que sean escuchados en la arena de sus combates. Esta concreta realidad me ha motivado a compartir este tópico: «Ministrando con el silencio.»

I.   Un ministerio para con los cautivos -«Y vine a los cautivos en Tel-abib, que moraban junto al río Quebar...»

1.   El contexto en Ezequiel 3:14 presenta al profeta siendo levantado y tomado en el Espíritu de Dios para la misión encomendada.

A.   Todo ministerio debe partir de un llamamiento divino.

B. La experiencia tenida con Dios, nos lleva a comprometernos con su economía divina en cuanto a otros atañe.

2. Nuestra generación, como aquella en los días de Ezequiel, está cautiva espiritualmente, psicológicamente y socialmente.

A. Ministrar a lo espiritual es parte de esa misión celestial, pero no lo es todo.
B. Hay que ministrar al hombre y a la mujer totalmente.
C. Aunque no podamos colonizar el cielo como deseamos, debemos procurar que el ser humano alcance una personalidad saludable aquí en la tierra.

3. El llamado que Dios nos da, es de ir a ellos.

A. Teniendo una visión de su cautividad.
B. Teniendo una percepción clara de su comunidad.
C. Teniendo un conocimiento de ese «río» junto al cual están morando.

II. Un ministerio de identificación -«y me senté donde ellos estaban sentados...»

1. Ezequiel se sentó donde estaban sentados los cautivos.

A. Se puso en el lugar de ellos.
B. Sentado entre ellos los podía observar.
C. Observándolos podía aprender de ellos y entenderlos.
D. El sentarse con ellos, proyectó un sentido de identidad.

2. Hay que sentarnos entre los que están sentados para poderles ministrar.

A. Necesitamos sentarnos en la silla de ellos y no en la nuestra.
B. Necesitamos sentarnos y no quedarnos de pie.
C. Necesitamos sentarnos y no permanecer dormidos ante su realidad.

3. Los amigos de Job, Elifaz temanita, Bildad suhita, y Zofar naamatita se identificaron con éste (Job 2:11-13).

A. *Le visitaron*, «... vinieron cada uno de su lugar».
B. *Compartieron su dolor*, «porque habían convenido en venir juntos para condolerse de él».
C. *Le consolaron*, «y para consolarle».
D. *Le ministraron*, «y ninguno le hablaba palabra, porque veían que su dolor era muy grande».

III. Un ministerio silencioso -«y allí permaneci siete días atónito entre ellos».

1. Al igual que los amigos de Job, Ezequiel ejerció un ministerio de siete días cerrando la boca y abriendo los oídos.
2. Dios quería que Ezequiel aprendiera a escuchar, para que pudiera profetizar cuando le llegara la hora.
3. La experiencia de Ezequiel me hace pensar en el ministerio de la consejería cristiana; un ministerio silencioso.
4. Las características de un buen consejero son:

A. Habla poco y escucha mucho.
B. No pone al aconsejado en su lugar, sino que se pone en el lugar de aquel.

C. Está atento a la comunicación verbal, no-verbal y para-verbal del aconsejado.

D. No le dice al aconsejado lo que éste tiene que hacer.

E. Es empático con el aconsejado.

F. No mezcla sus sentimientos con los de aquel.

G. Reconoce sus limitaciones como consejero.

H. Entiende cuando un caso necesita asistencia profesional.

I. Escucha, parafrasea y pregunta para clarificar ideas.

J. Aconseja en el lugar y en el momento apropiados.

K. Mantiene la privacidad con la información recibida.

L. No se sorprende con lo que escucha.

M. Para tener un cuadro completo del asunto, procura obtener más información de los involucrados o las personas significantes.

N. Ayuda al aconsejado a preparar un plan de acción.

O. De tiempo en tiempo, se interesa por el progreso del aconsejado.

P. Un buen consejero no juega a ser Dios. La consejería es un proceso, rara vez es un milagro.

Q. Todo proceso de consejería debe realizarse en un contexto cristiano.

R. El consejero debe cuidarse de no ser usado por el aconsejado.

S. La persona que no puede bregar con sus propios problemas emocionales no tiene la capacidad para ayudar a otros.

T. Un consejero eficaz es siempre objetivo y no subjetivo.

U. El enfoque del consejero no será en el problema sino en la persona.
V. Antes de que el consejero se interese en lo que afecta al aconsejado, debe estar seguro que aquel no está camuflando su problema con otros problemas secundarios.
X. El consejero muchas veces será directo, indirecto o confrontará.
Y. El mejor consejero es aquel que despierta confianza en otros.
Z. El consejero no toma bando con nadie.

ILUSTRACIÓN: En la parábola del Buen Samaritano, el Señor dio la respuesta a la pregunta: «¿Quién es mi prójimo?» El ministerio que el Buen Samaritano ejerció para con el hombre herido, fue callado o silencioso pero práctico (Lucas 10:25-37).

ILUSTRACIÓN: Hace algunos años, un compañero de ministerio me llamó de madrugada. A través del auricular, escuchaba su voz quebrantada, la cual se arropaba entre sollozos. Su esposa había fallecido durante la noche, fui el último predicador que ella escuchó. Durante un tiempo prolongado, el hermano se desahogaba conmigo. Finalmente, oré por él. Al tiempo, ya recuperado, me lo encontré. Después de intercambiar un saludo, me dijo: «Kittim, lo más que me ayudó aquella madrugada, no fue la oración que hiciste, que sé que Dios la contestó, fue que estuviste dispuesto a escucharme.»

NADIE ABANDONE EL BARCO

«Entonces los marineros procuraron huir de la nave, y echando el esquife al mar, aparentaban como que querían largar las anclas de proa. Pero Pablo dijo al centurión y a los soldados: Si éstos no permanecen en la nave, vosotros no podéis salvaros. Entonces los soldados cortaron las amarras del esquife y lo dejaron perderse» (Hechos 27:30-32).

INTRODUCCIÓN: Según lo relatado por Lucas, primer historiador de la iglesia, Pablo era llevado prisionero con destino a Roma. Esta travesía se realizaba por mar, «un viento huracanado llamado Euroclidón» azotó la nave y la arrastró de su rumbo (Hechos 27:14-15). Posteriormente, una tormenta llevó a la embarcación a la deriva por muchos días. Pablo tuvo que exhortar al centurión Julio, porque los marineros deseaban escapar mediante el disimulo en el esquife. La palabra «esquife» se menciona tres veces en el Nuevo Testamento como traducción a la palabra griega «skaphe» (Hechos 27:16, 30, 32). La Nueva Versión Internacional en vez de «esquife» lee «bote de salvamento». La versión Dios Habla Hoy rinde «bote salvavidas».

I.   Abandonar el barco es una acción egoísta:

   1.   El egoísmo es pecado porque expresa avaricia.
   2.   En nuestros planes otros deben entrar.
   3.   Debemos dejar de mirarnos a nosotros para ver a otros.

II. Abandonar el barco es no tener amor por los demás:

1. El que ama sufre con los que sufren.
2. El amor lleva hasta el sacrificio personal.
3. El amor mantiene siempre la esperanza encendida.
4. El amor nos convierte en guardas de nuestro hermano (Génesis 4:9).

III. Abandonar el barco es poner a otros en peligro:

1. Es desertar cuando más se le necesita (2 Timoteo 4:10).
2. Es huir del problema y dejar que otros lo resuelvan.
3. Es escapar por nuestra seguridad sin tener en cuenta a los demás.

IV. Abandonar el barco es usar el bote salvavidas:

1. El bote de la indiferencia.
2. El bote de la falta de cooperación.
3. El bote de buscar lo suyo propio.

V. El bote para escapar tiene que abandonarse en el mar de la tormenta:

1. «Entonces los soldados cortaron las amarras del esquife y lo dejaron perder» (Hechos 27:32).
2. La Biblia de Jerusalén rinde: «Entonces los soldados cortaron las amarras del bote y lo dejaron caer.»
3. En el «barco» había que estar sin el «bote».

   A. Barclay dice: «La tripulación tenía que hundirse o nadar con todos.»
   B. El lema de los Vikingos era: «Venceremos o pereceremos.»
   C. En la iglesia todos tenemos que luchar y nadie debe escapar.

D. Sin el bote estamos obligados a permanecer y a perseverar.

4. Ese bote que cargamos amarrado a nuestra vida, hay que cortarlo y dejarlo caer hasta que se pierda.

CONCLUSIÓN: Aunque las tormentas azoten el barco de la iglesia, el barco de la familia y el barco de nuestra vida personal no debemos, por eso, escapar en el bote de la rendición. Amén.

«¿QUÉ A TI? SÍGUEME TÚ»

«Cuando Pedro le vio, dijo a Jesús: Señor, ¿y qué de éste? Jesús le dijo: Si quiero que él quede hasta que yo venga, ¿qué a ti? Sígueme tú» (Juan 21:21-22).

INTRODUCCIÓN: El apóstol Pedro se preocupó demasiado por la tarea de Juan; el Señor le enseñó a preocuparse por lo que a él se le había encomendado y a no estar entrometiéndose en lo de otro. A la pregunta de Pedro, «¿y qué de éste?» El Señor le contestó, «¿Qué a ti?» O sea, «Pedro, tú me preguntas por Juan, pero yo te pregunto por ti.»

I. Dios te llama a ti:

   1. No te preocupes por el llamado de otro sino por el tuyo.
   2. El llamamiento de Dios es algo personal.
   3. Dios llama al hombre sin considerar:

      A. La educación.
      B. El sexo.
      C. La edad.
      D. La apariencia.

   4. Dios llama al hombre considerando:

      A. La experiencia espiritual.
      B. La disposición para obedecerle.

C. La consistencia para el trabajo espiritual.

D. La fe de éste.

II. Dios habla de ti:

1. Si no le está hablando a tu hermano en la fe, ese no es tu problema.
2. A algunos les gusta saber lo que el Señor dice a los demás, «¿Qué a ti?»
3. Dios habla al creyente que le escucha:

   A. La impaciencia nos impide escuchar a Dios.
   B. El hablar nosotros cuando le toca a Dios, es ignorarlo.
   C. La iglesia está hablando mucho (devocionales, testimonios...); pero escucha poco (la predicación, estudios bíblicos...)

III. Dios te quiere usar a ti:

1. A la manera de Él.
2. En el tiempo (en griego «karios») de Él.
3. En el lugar que Él escoja (Hechos 16:6-10).
4. Dios usa al creyente que:

   A. Desea ser usado.
   B. Se mete dentro del molde divino.
   C. No busca lo suyo propio.

5. Dios no usa al creyente que:
   A. Es voluntarioso.
   B. Es carnal.
   C. Es inconsciente.

CONCLUSIÓN: Dios desea usarte a ti para su ministerio. ¿Estarás dispuesto a pagar el precio de ese llamamiento celestial? ¿Te negarás a ti mismo por tal de agradar a aquel que te ha llamado para su santo ministerio? ¿Qué buscas en tu ministerio? ¿Fama? ¿Servir?

¿QUÉ ES LA ESCUELA DOMINICAL?

«Y estas palabras que yo te mando hoy, estarán sobre tu corazón; y las repetirás a tus hijos, y hablarás de ellas estando en tu casa y andando por el camino, y al acostarte, y cuando te levantes. Y las atarás como una señal en tu mano, y estarán como frontales entre tus ojos; y las escribirás en los postes de tu casa, y en tus puertas» (Deuteronomio 6:6-9 cf. 11:18-20).

INTRODUCCIÓN: El pasaje citado ha sido considerado como el clásico para los exponentes de la Escuela Dominical. Para contestar la pregunta, ¿qué es la escuela dominical?, tenemos que contestar de tres maneras: primero, lo que no es; segundo, lo que es y tercero, lo que debe ser.

I. Lo que no es:

1. No es exclusivamente para los niños, es para los adultos también.
2. No es para los laicos, es también para todos los líderes cristianos. Esto incluye pastores, evangelistas, maestros, misioneros, ancianos gobernantes, diáconos y otros.
3. No es el departamento de menos importancia en la iglesia.

II. Lo que es:

1. Es el «corazón» de la iglesia, cuando late hay vida, cuando deja de latir revela muerte.

2. Es la «glándula pituitaria» de la congregación. El crecimiento de una congregación depende, en parte, de la asistencia a la Escuela Dominical.
3. Es la «columna vertebral» de la iglesia. La Escuela Dominical mantiene a la iglesia en movimiento espiritual. Quite la Escuela Dominical de cualquier Iglesia y lo que verá será parálisis.
4. Es el «termómetro» de los feligreses. La asistencia a la Escuela Dominical revela la espiritualidad y consagración de los miembros.

III. Lo que debe ser:

1. Debe ser promovida siempre.
2. Debe gozar de una alta asistencia.
3. Debe ser un instrumento de evangelización.
4. Debe ser una responsabilidad cooperar con la misma.

CONCLUSIÓN: Deseo hacerte una pregunta, ¿qué es la Escuela Dominical para ti? Ahora te haré otra pregunta, ¿qué puedes hacer tú por la Escuela Dominical? Finalmente, ¿qué estás haciendo tú por la Escuela Dominical? De ti dependerá el éxito de la Escuela Dominical en tu iglesia local.

REMANDO
EN CONTRA DE LA CORRIENTE

«Y viéndoles remar con gran fatiga, porque el viento les era contrario, cerca de la cuarta vigilia de la noche vino a ellos andando sobre el mar, y quería adelantárseles» (Marcos 6:48).

INTRODUCCIÓN: Lo que parecía ser un viaje de placer para los discípulos, se convirtió en una amarga experiencia. Lo inesperado sucedió, la barca se vio terriblemente azotada por un viento contrario. Pero antes de que el viento destruyera la embarcación, el Capitán celestial apareció. Reflexionemos en algunas de las expresiones de esta anécdota.

I. «… hizo a sus discípulos entrar en la barca e ir delante de él…» (verso 45).

1. Los evangelistas Mateo, Marcos y Juan son los únicos que mencionan esta historia donde Jesús camina sobre el mar.

2. La razón por la cual Jesús hizo que sus discípulos entraran en la barca y fueran delante de él es doble:

A. Mateo y Marcos nos dicen: «entretanto que él despedía a la multitud» (Mateo 14:22, Marcos 6:45).

B. Juan, por su parte, declara: «Pero entendiendo Jesús que iban a venir para apoderarse de él y hacerle rey, volvió a retirarse al monte él solo» (Juan 6:15).

3. La expresión «ir delante de él» denota:

A. Obediencia a las palabras del Señor.
B. Disposición voluntaria de parte de los discípulos.

II. «Y al venir la noche, la barca estaba en medio del mar...» (verso 47).

1. Juan nos dice: «Al anochecer, descendieron sus discípulos al mar» (Juan 6:16). Esto se refiere a la primera vigilia de la noche (6:00 - 9:00 p. m.).
2. La barca «en medio del mar» significa:

A. La victoria no es del que comienza, sino del que termina.
B. El retornar o el llegar era una decisión que estaba en manos de los discípulos.

3. El cristiano muchas veces se encuentra «en medio del mar».

A. Hay decisiones que tomar.
B. Hay problemas que resolver.
C. Hay inquietudes que cuestionar.

III. «Y viéndoles remar con gran fatiga...» (verso 48).

1. Marcos nos dice que los discípulos confrontaban problemas marítimos «cerca de la cuarta vigilia de la noche». Mateo declara que fue «a la cuarta vigilia» (Mateo 14:25).

A. La cuarta vigilia corresponde a ese período entre las 3:00 a las 6:00 a. m. Este método de dividir la noche en cuatro vigilias fue primero adoptado por los romanos y luego por los judíos.

B. El adjetivo usado por Marcos «cerca» nos indica que sería entre las 2:00 a las 3:00 a. m.

2. Lo interesante era que Jesús les estaba viendo remar con gran fatiga.

A. Él nos ve en nuestras pruebas.
B. Él nos mira en nuestro dolor.
C. Él nos observa en medio de la fatiga.

3. Prestemos atención a esto: «remar con gran fatiga».

A. El remo de la oración a veces hay que moverlo con mucha fatiga.
B. El remo de la consagración causa fatiga.
C. El remo de la muerte al mundo produce fatiga espiritual.

IV. «porque el viento les era contrario...» (verso 48).

1. Los evangelistas Mateo y Juan le añaden un significado a esta declaración:

A. «azotada por las olas» (Mateo 14:24).
B. «Y se levantaba el mar con un gran viento que soplaba» (Juan 6:18).

2. El navegar con la corriente a favor los alejaría de Cristo.
3. La vida del cristiano continuamente está azotada por vientos contrarios y por olas que amenazan con hundirlo.
4. La oposición estará siempre delante de nosotros, pero tenemos que remar en contra de la misma.

V. «vino a ellos andando sobre el mar, y quería adelantárseles» (verso 48).

1. En Juan 6:19 leemos: «... y se acercaba a la barca.»
2. La expresión «y quería adelantárseles» es rendida en algunas versiones:

   A. «y estaba para pasarlos» (NBE).
   B. «y siguió como si tuviera intenciones de pasar de largo» (NTV).
   C. «pero hizo como que iba a pasar de largo» (DHH).

3. Jesús quería que los discípulos lo vieran para así impartirles fe.

   A. Él se les adelantó a su incertidumbre.
   B. Él se les adelantó en medio de su dificultad.

4. ¿Estaremos dejando al Señor que se nos adelante? ¿Queremos nosotros estar siempre delante de él?

VI. «Y subió a ellos en la barca, y se calmó el viento...» (verso 51).

   1. Mateo nos dice que él subió a la barca junto con Pedro (léase Mateo 14:28-32).
   2. Cuando Jesús sube a la barca algo tiene que suceder con los vientos contrarios.
   3. La presencia del Señor produce «calma».
   4. ¿Dónde está Jesús en tu vida? ¿En la orilla? ¿Tratando de adelantársete? ¿Subido en la barca?

CONCLUSIÓN: No encuentro palabras más bellas que estas para concluir: «Ellos entonces, con gusto, le recibieron en la barca, la cual llegó en seguida a la tierra donde iban» (Juan 6:20).

RESOLUCIONES ESPIRITUALES PARA EL AÑO NUEVO

«Hermanos, yo mismo no pretendo haberlo ya alcanzado; pero una cosa hago: olvidando ciertamente lo que queda atrás, y extendiéndome a lo que está delante, prosigo a la meta, al premio del supremo llamamiento de Dios en Cristo Jesús» (Filipenses 3:13-14).

INTRODUCCIÓN: Cada nuevo año nos hace pensar en resoluciones, y nos abriga de muchas expectaciones. Para muchos de nosotros, las mismas se harán realidad, para otros serán sólo ilusiones. Roguemos a Dios para que este año nuevo sea de grandes logros espirituales en nuestras vidas.

I.   La primera resolución, ser cristianos completos:

1. *No juguemos a la iglesia,* «Yo conozco tus obras, que tienes nombre de que vives, y estás muerto» (Apocalipsis 3:1).
2. *No tomemos la gracia divina como cosa barata,* «Porque por gracia sois salvos por medio de la fe; y esto no de vosotros, pues es don de Dios» (Efesios 2:8).
3. *No seamos ruido ni eco religioso,* «Si yo hablase lenguas humanas y angélicas, y no tuviese amor, vendría a ser como metal que resuena o címbalo que retiñe» (1 Corintios 13:1).

II. La segunda resolución, ser instrumentos para la salvacion de otros:

356

1. Seamos sinceros con el pecador.
2. Tengamos interés en ver las almas salvadas.
3. Roguemos a Dios por un avivamiento personal.

III. La tercera resolución, ser fieles a nuestra iglesia:

1. *En asistencia,* «No dejando de reunirnos, como algunos tienen por costumbre, sino exhortándonos; y tanto más, cuando véis que aquel día se acerca» (Hebreos 10:25).

   A. El creyente que no viene a la iglesia le falta a Dios.
   B. El creyente que sólo alimenta su alma una vez a la semana está flaco espiritualmente.

2. *En participación,* «Vosotros, pues, sois el cuerpo de Cristo, y miembros cada uno en particular» (1 Corintios 12:27).

   A. ¿Por qué soy cristiano?
   B. ¿Para qué he sido salvo?
   C. ¿Cuál es la función que me corresponde a mí en el cuerpo de Cristo?

3. *En ayuda financiera,* «Porque Macedonia y Acaya tuvieron a bien hacer una ofrenda para los pobres que hay entre los santos que están en Jerusalén. Pues les pareció bueno, y son deudores a ellos; porque si son gentiles, han sido hechos participantes de sus bienes espirituales, deben también ellos ministrarles de los materiales» (Romanos 15:27-28).

   A. Los diezmos y las ofrendas son una manera de mostrar nuestra gratitud a Dios.
   B. El creyente que da desprendidamente para la

obra de Dios, recibirá abundantemente de
Dios.
C. Propóngase en este nuevo año ayudar finan-
cieramente la obra de Dios.

CONCLUSIÓN: ¿Estás dispuesto a aceptar el triple reto
divino? ¿Buscarás ser un cristiano completo? ¿Permitirás que
Dios te use como instrumento de salvación para el pecador?
¿Te comprometes a ser un buen miembro de la Iglesia a la
que asistes?

«Y PEDRO LE SEGUÍA DE LEJOS»

«Y prendiéndole, le llevaron y le condujeron a casa del sumo sacerdote. Y Pedro le seguía de lejos» (Lucas 22:54).

INTRODUCCIÓN: Es de notarse que tanto Mateo (26:58) como Marcos (14:54) le dan importancia al hecho que Lucas recalca (22:54). El Pedro que momentos antes expresó: «... Señor, dispuesto estoy a ir contigo no sólo a la cárcel, sino también a la muerte» (Lucas 22:33). Lo encontramos ahora siguiendo al Señor de lejos y a distancia. Las palabras «y Pedro le seguía de lejos», tienen una revelación del Espíritu Santo para todos los que profesamos seguir al Señor Jesucristo.

I. Jesús es seguido de lejos por aquellos que buscan las ofertas y añadiduras del evangelio:

1. No negamos que el evangelio ofrece ofertas y añadiduras (Mateo 6:33).

    A. Pero en el paquete del evangelio, lo principal es la salvación del alma.
    B. Buscar las ofertas y añadiduras a expensas del costo de la salvación es negar el propósito de la redención.

2. Hoy día, en muchos círculos cristianos se está predicando un evangelio de ofertas y añadiduras.

A. *La confesión positiva.* Por doquier encontramos libros y escuchamos maestros y predicadores que presentan lo que se conoce como la «confesión positiva». Ellos enseñan a sus seguidores la fórmula del éxito espiritual y personal. Según estos exponentes en ciertos versículos bíblicos está la clave de la prosperidad, no como una prerrogativa divina, sino como una obligación divina. Lo trágico es que enseña un evangelio desarticulado del verdadero para que dé la fe cristiana.

B. *El pensamiento positivo.* Aunque sus exponentes dan la impresión de estar predicando, lo que ofrecen a sus oyentes son discursos de un carácter psicológico. Éstos carecen de un contenido bíblico completo. El lugar que se le da a la mente humana y a los esfuerzos racionales parece destronar al Señor Jesucristo y entronar al ser humano.

3. El evangelio tiene sus muchas demandas.

A. Dietrich Bonhoeffer escribió un libro titulado: «El costo del discipulado.» Todo cristiano es llamado a ser un discípulo, y el discipulado no es gratis, cuesta algo de nosotros.

B. Muchos cristianos están jugando a la iglesia. Su conducta y compromiso no pasa de ser un juego eclesiástico. Sus vidas no son transparentes. Sus testimonios son signos de interrogación y no de exclamación.

II. Jesús es seguido de lejos por aquellos que han caído víctimas de tres enemigos de la iglesia:

1. *El devocionalismo.*

360

A. El creyente ha sido llamado a vivir una vida de continua devoción personal y congregacional.

B. El devocional, en el culto de adoración, prepara el ambiente para el evento «kerygmático» (proclamación de la Palabra).

C. El adorar y cantar como una responsabilidad congregacional, carente de su verdadero propósito espiritual, no tiene valor en sí para Dios.

D. Más que nunca, las congregaciones tienen que aprender a adorar «en espíritu y verdad» (Juan 4:24). Hay que salir de lo emocional para entrar en un verdadero devocional espiritual.

2. *El tradicionalismo.*

A. La fe cristiana no puede estar apoyada sobre las columnas de la tradición. Aunque la tradición da la historia de nuestra fe.

B. La tradición que es miope a la visión del Espíritu Santo para la Iglesia presente se convierte en tradicionalismo.

C. Nos dice Alan W. Compton: «A menudo existe la tendencia de algunos grupos de iglesias, de juzgar a la gente en base de si ellos han o no han experimentado a Dios en la manera que ellos consideran "tradicional". Pero, ¿cómo puede ser tradicional cuando cada individuo es diferente, y su reacción al mensaje del evangelio va a ser única?» (Comunicación Cristiana, Casa Bautista de Publicaciones, 1979, pág. 30).

D. Cuando juzgamos a otros a la luz de nuestro cúmulo tradicional, nos convertimos en tiranos de la religión.

3. *El denominacionalismo.*

    A. No busca la unificación del cuerpo de Cristo, sino su desintegración.

    B. Es enemigo de todo propósito general que el Señor tenga para su Iglesia sin apellidos ni verjas.

    C. El propósito supremo del Señor es que haya «un solo pastor y un solo rebaño». Aunque cada grupo cristiano se caracteriza por su tradición y principios. Sin embargo, debemos tener: «un Señor, una fe, un bautismo, un Dios y Padre de todos, el cual es sobre todos, y por todos, y en todos» (Efesios 4:5-6).

III. Jesús es seguido de lejos por aquellos que los arropa el manto de la apatía espiritual:

1. *La pérdida del primer amor*, «Pero tengo contra ti, que has dejado tu primer amor» (Apocalipsis 2:4).

    A. Se está amando a Jesús con un amor de segunda y hasta de tercera clase.

    B. Cosas secundarias y mediocres como el trabajo excesivo y las diversiones fuera de tiempo, están afectando el amor recíproco entre Jesús y los creyentes.

2. *La falta de asistencia al templo*, «No dejando de congregarnos, como algunos tienen por costumbre...» (Hebreos 10:25). «... Reunámonos en la casa de Dios, dentro del templo...» (Nehemías 6:10).

    A. La ausencia a los cultos de adoración es una grave enfermedad de los creyentes de esta generación.

B. Las iglesias están hartas de los cultos de adoración. Esa parece la impresión que se tiene en muchas congregaciones.
C. Se falta más a la iglesia que al trabajo, a la escuela y que a cualquier otra actividad.
D. Un creyente que vive de domingo a domingo no puede gozarse de la vida abundante en el Espíritu.

3. *La inercia espiritual*, «... en el nombre de Jesucristo de Nazaret, levántate y anda» (Hechos 3:6).

A. Muchos creyentes se conforman con ser espectadores y no actores en el drama de la redención.
B. Se busca ser servidos y no el servir en el reino de Dios.
C. Las congregaciones no crecen y el mundo perece por la falta de obreros: (1) Ya no hay un Andrés que busque a un Pedro. (2) Ni una samaritana que vaya a la ciudad. (3) Tampoco un Pablo que vaya a otras regiones a compartir su riqueza espiritual.

CONCLUSIÓN: ¿Es usted un seguidor de Jesús? ¿Lo está siguiendo de cerca o lo sigue a distancia? ¿Qué significa para usted seguir a Jesús?